Die Heilige Birgitta

Die Heilige Birgitta
in ihren
Offenbarungen und Botschaften

Aus ihren eigenen Texten
zusammengestellt
von
Dr. Aron Andersson

autorisierte Übersetzung
von
Gerhard Klose, Sup.-Int. i.R.

STEYLER VERLAG

Inhaltsverzeichnis

Seite

Kindheit und Jugendjahre 13
Ehefrau auf Ulvåsa 20
Birgitta als Braut Christi 27
Die Offenbarungen – Birgitta als Sprachrohr Gottes . . . 35
    Wie die Offenbarungen aufgeschrieben wurden . 35
    Warum Birgitta berufen wurde 39
    Birgittas Botschaft an die Welt 44
Die Regel für den Orden des Allerheiligsten Erlösers 60
    Das Kloster in Vadstena 60
    Das Buch der Fragen. Der Aufbruch 68
Römische Jahre 81
    Birgitta als Römerin 81
    Der Lobgesang des Engels 91
    Das Gericht über die Fürsten der Welt 95
    Birgitta als Pilgrim der Pilgrime 103
    Vor Kaiser und Papst 117
Zum heiligen Land 130
Birgittas letzte Tage 158
Nachwort 165

Vorwort

„Das Buch von der Hl. Birgitta" gibt größtenteils die Offenbarungen der Hl. Birgitta mit ihren eigenen Worten wieder. Es will denen dienen, die Gestalt und Botschaft dieser großen Heiligen des schwedischen Mittelalters kennenlernen oder mehr von ihr wissen möchten. Sie wurde „Sprachrohr Gottes" genannt und bezeichnete sich selbst als „eine geringe Läuferin mit dem Brief eines großen Herrn". Ist der Auftrag, den sie von Gott erhielt, auch in unseren Tagen noch aktuell? Was hat sie den Menschen des 20. Jahrhunderts zu sagen?

1973 feierten die katholische und die lutherische Kirche Schwedens in brüderlichem Einvernehmen das 600jährige Gedenken an den Todestag der Hl. Birgitta am 23. Juli 1373. Am 7. Oktober desselben Jahres, dem Datum ihrer Heiligsprechung, wurde in Rom in der Birgitta-Kirche an der Piazza Farnese in Gegenwart von Papst Paul VI. das Birgitta-Gedenken gefeiert. Bei der Erneuerung des Heiligenkalenders der katholischen Kirche wurde erst vor kurzem ihr Festtag auf den 23. Juli verlegt.

Das Kanonisationsverfahren wurde nur wenige Jahre nach dem Heimgang Birgittas eingeleitet und führte schon 1391, also nur 18 Jahre nach ihrem Tode, zu ihrer Heiligsprechung. Wenn auch die Kanonisationsakten viele wichtige Zeugnisse wiedergeben, wie die Hl. Birgitta von ihrer Zeit her gesehen und verstanden wurde, so vermitteln uns doch die aufgezeichneten himmlischen Offenbarungen mehr als alles andere eine unmittelbare Kenntnis ihrer religiösen Persönlichkeit, ihrer Gedanken, ihres Lebens und Wirkens.

Diese Biographie konzentriert sich auf Birgittas eigene Worte, die den himmlischen Offenbarungen entnommen sind. Mit vollem Recht kann man fragen, ob ihre Worte uns heutigen Menschen ohne weiteres zugänglich sind. Vermitteln sie immer noch eine Botschaft und können sie auch noch für Menschen unserer Zeit wegweisende Bedeutung haben? Gilt die Prophezeiung in der Nacht ihrer Geburt auch weiterhin: „Herrn Birger ist eine Tochter geboren worden, deren Stimme wunderbar über die ganze Welt hin gehört werden soll"? In der Tat ist es so! Birgittas tiefe Glaubenskraft und ihr unerschütterliches Vertrauen auf das Wort Gottes stellen eine Mahnung und Aufforderung an unsere Welt dar, die in ihrem Glauben so arm und schwach geworden ist. Die Botschaft, die Birgitta vom Herrn empfing und die sie der Menschheit weitergab, wird immer wieder wie ein Funke das Feuer des wahren Glaubens in Herzen entzünden, die nur allzu gern auf falsche Propheten und ihre Predigt von einem bequemen und beliebig anpassungsfähigen Christentum hören.

Die himmlischen Offenbarungen der Hl. Birgitta sind keine Sammlung privater und persönlicher Ansichten und Vorschriften. Ihre Botschaft ist vielmehr die Stimme Gottes in einer Zeit, in der die Menschheit das Bedürfnis nach geistlicher Erneuerung und Reinigung ebenso stark wie in unserer Zeit verspürte.

Die Hl. Birgitta ist nicht nur als Prophetin und Bekennerin, sondern auch als Ordensstifterin berühmt. „Ich will mir einen neuen Weinberg anlegen; dorthin sollen die Rebstöcke gebracht werden und dort sollen sie Wurzel schlagen" – mit diesen Worten Christi empfing Birgitta den Auftrag zur Gründung eines neuen Ordens, des Erlöser-Ordens, ORDO SANCTISSIMI SALVATORIS. Der Rebstock im neuen Weinberg Christi wurde zu einem mächtigen Stamm, der manche neuen Schößlinge trieb: der Gründung des Klosters in Vadstena folgten bald 27 neue Klostergründungen, aus denen wiederum im Laufe der Zeit noch eine ganze Reihe von Tochterstiftungen entstanden. Die Reformation tat dem birgittinischen Ordensleben schweren Abbruch; trotzdem überlebte eine kleine Zahl von Klöstern den Sturm. Im 17. Jahrhundert ging der Orden einer neuen Blüte entgegen.

Heutzutage umfaßt der Orden des Allerheiligsten Erlösers oder Birgittinerinnen-Orden, wie er in der Umgangssprache genannt wird, drei Zweige:

1. Ein Zweig, der in England, Holland und Deutschland (4 Ordenshäuser) die mittelalterliche Tradition ungebrochen weiterführt.
2. Ein spanischer Zweig, gegründet zu Anfang des 17. Jahrhunderts (5 Ordenshäuser) mit Tochterstiftungen in Mexiko aus dem 18. und 19. Jahrhundert (4 Ordenshäuser).
3. Im Jahre 1911 schuf Mutter Elisabeth Hesselblad, eine schwedische Konvertitin, den sog. schwedischen Zweig. Dieser Zweig steht unter der zentralen Leitung des Mutterhauses in Rom, das sich in Birgittias eigenem Hause an der Piazza Farnese befindet (gegenwärtig 16 Ordenshäuser in England, Indien, Italien, Schweiz, Schweden und den USA).

Die birgittinische Ordensregel folgt den Vorschriften der mittelalterlichen Ordensregeln in bezug auf kontemplatives Leben und Klausur. Mutter Elisabeths Stiftung ist immer noch von dem monastisch-kontemplativen Erbe der ursprünglichen Ordensregel geprägt, hat sich zugleich aber neu auf die traditionelle Gastfreiheit des Birgittinerinnen-Ordens ausgerichtet, als auf einen apostolischen Einsatz für die Einheit der Kirche. Nach dem 2. Vatikanischen Konzil ist die apostolisch-soziale Tätigkeit weiter ausgebaut worden, und zwar dem Bedürfnis der Länder entsprechend, in denen die Klöster sich befinden. Mit anderen Worten: in dem dritten, zuletzt gegründeten Ordenszweig ist die karitative

Tätigkeit der Ordensstifterin Birgitta selbst zu einem neuen, den Bedürfnissen unserer Zeit entsprechenden Ausdruck gekommen.

Dreißig Klöster in drei Erdteilen verwalten heute das geistliche Erbe der Hl. Birgitta, dessen Wiederaufblühen zu Anfang unseres Jahrhunderts zu einer lebendigen Wirklichkeit geworden ist.

Und nun wünsche ich dieser wertvollen Birgitta-Biographie den verdienten vollen Erfolg: daß sie in weiten Kreisen ein neues Verständnis für die Botschaft der Hl. Birgitta und eine neue Liebe zu ihr erwecken möchte – hat diese Biographie doch uns allen, Ordensleuten wie auch Laien, geistliche Werte zu vermitteln.

M. Hilaria Laubenberger, Casa die Santa Birgitta,
Rom, Juni 1977

Holzstatue in der Klosterkirche Vadstena
(ca. 1392)   Foto: Sören Hallgren

Orte in Schweden, die mit der hl. Birgitta in Zusammenhang stehen.

12

Kindheit und Jugendjahre

Birgitta wurde etwa in den Jahren 1302/1303 geboren und war die älteste Tochter aus der zweiten Ehe des uppländischen Gerichtsherrn Birger Persson. Birger Persson war einer der mächtigsten Herren in Schweden, gehörte zum Königlichen Rat und wurde in öffentlichen Anliegen oft in Anspruch genommen. Die Neufassung des Uppland-Gesetzes, die einige Jahre vor der Geburt Birgittas unter seiner Leitung vollendet wurde, ist ebenso sehr wegen ihrer juristischen Weitsicht als auch wegen ihrer sprachlichen Meisterschaft gerühmt worden.

Birger Persson wurde im Lauf der Jahre einer der großen Grundherren des Reiches. Sein Herrschaftssitz war vor anderen Finsta in der Gemeinde Skederid in Roslagen, etwa fünfzig Kilometer Luftlinie nordöstlich von Stockholm. Hier wurde der Tradition nach Birgitta geboren und hier lebte sie in ihren ersten zwölf Jahren bis zum Tod der Mutter im September 1314. Birgittas Mutter Ingeborg war eine Tochter von Bengt Magnusson, dem Gerichtsherrn in Östergötland, und zählte zur Verwandtschaft der regierenden Folkunger-Dynastie. Ihre Herkunft war wohl vornehmer als die des Gatten. Birger Persson war nahe verwandt mit den höchsten kirchlichen Würdenträgern in Uppsala, und sein Bruder Israel war eine Zeitlang Prior bei den Dominikanern in Sigtuna, bevor er seine Tage als Bischof in Västerås beschloß. In der St.-Marien-Kirche der Dominikaner zu Sigtuna hatten mehrere der nahen Verwandten Birgers ihre Grabstätte gewählt, und hier erhielt auch seine erste Frau ihre letzte Ruhestätte.

Die kirchlichen Interessen Birger Perssons sind in mehreren Zusammenhängen bezeugt. Wahrscheinlich wurde auf seine Initiative hin gegen Ende des 13. Jahrhunderts die gegenwärtige Kirche in Skederid erbaut; sie ist das einzige

Gebäude in dieser Gemeinde, das von der Zeit Birgittas her bis in unsere Tage erhalten geblieben ist. Hierhin wurde das neugeborene Kind zur Taufe gebracht, und hier empfing Birgitta als Kind ihre frühesten Eindrücke von der christlichen Kirche.

Es wird erzählt, daß es fast ganze drei Jahre dauerte, bevor Birgitta zu sprechen versuchte, und ihre Eltern befürchteten, das Kind würde stumm bleiben. Als sie aber zu sprechen begann, war ihre Sprache sofort klar und deutlich und hatte nichts mehr von unbeholfener Kindersprache an sich.

Aus den Kindheitsjahren Birgittas auf Finsta gibt es Erinnerungen an einige religiöse Erfahrungen, die sie ihren Nächsten und ihren Beichtvätern in Rom im Alter erzählt hat. Im Lichte des späteren Lebens und der Berufung Birgittas erscheinen diese frühen Erfahrungen als prophetisch und wegweisend.

,,Im Alter von sieben Jahren sah sie einmal, als sie wach lag, ihrem Bett gegenüber einen Altar, und über diesem Altar saß eine Frau in leuchtenden Kleidern. Die Frau hielt eine kostbare Krone in ihrer Hand und sagte: ,Komm, Birgitta!' Daraufhin stand sie aus dem Bette auf und eilte zum Altar hin. Die Frau fragte: ,Willst du diese Krone haben?' Als Birgitta das bejahte, setzte die Frau die Krone auf ihren Kopf, so daß sie den Druck des Ringes deutlich spürte. Sie legte sich wieder zu Bett, und die Erscheinung verschwand. Sie konnte dieses Erlebnis aber nie vergessen."

Birgitta fühlte schon damals, daß sie auserwählt und berufen sei und unter dem Schutz Unserer Lieben Frau stehe. Der lange, dornige Weg, der zur Krone der himmlischen Herrlichkeit führen sollte, war der Siebenjährigen aber noch unbekannt.

,,Im Alter von zehn Jahren hörte Birgitta einmal eine Predigt über das Leiden unseres Herrn Jesu Christi. In der folgenden Nacht sah sie Christus im Traum, als wäre er zu dieser Stunde gekreuzigt, und hörte, wie er zu ihr sagte: ,Sieh nur, wie ich gepeinigt werde!' Sie glaubte, die Kreuzigung sei eben in diesem Augenblick geschehen, und fragte im Schlaf: ,O Herr, wer hat dir das angetan?' Jesus antwortete ihr: ,Die, die meine Liebe verachten und vergessen, haben mir dies angetan.' Da kehrte sie zu sich selbst zurück, und von dem Tage an erweckten die Schmerzen Christi eine solche innerliche Liebe in ihrem Herzen, daß sie selten ohne Tränen daran denken konnte.''

Diese erste Vision des leidenden Erlösers am Kreuze, die Birgitta in ihrer Kindheit sah, wurde später zum zentralen Motiv ihrer geistlichen Meditation. Als die große Berufung kommt und sie bereit ist, alles zu verlassen, geschieht es, um in die Fußspuren des Erlösers zu treten und den Weg nach Golgatha zu gehen, wohin er selbst sie führen wollte.

Nach dem Tod der Mutter wurde die Erziehung Birgittas ihrer Tante, Katarina Bengtsdotter, anvertraut, einer Schwester ihrer Mutter, die verheiratet war mit Knut Jonsson, dem Gerichtsherrn in Östergötland, der auf dem Hof Aspenäs am See Sommen wohnte. Birgitta war nun zwölf Jahre alt. Aus den beiden Jahren, die sie auf Aspenäs zubrachte, sind ein paar Episoden bekannt, die die empfindsame Veranlagung und starke Religiösität des jungen Mädchens beleuchten. Katarina, die offensichtlich ihrer Nichte sehr nahe kam, hat diese Episoden der Nachwelt überliefert.

Eines Nachts, als die Tante in das Schlafzimmer der Mädchen kam, wohl um die Ordnung zu überwachen, fand sie Birgitta auf dem Boden vor ihrem Bett kniend, betend und weinend. Auf die strenge Frage der Tante, was das zu bedeuten habe, bekannte Birgitta, daß sie aus dem Bett aufgestanden sei, ,,um ihn zu preisen, der mir immer wieder hilft.'' Auf die Frage der Tante, wer das denn sei, antwortete Birgitta: ,,Der Gekreuzigte, er, den ich gesehen habe.''

Eines Tages, als Birgitta draußen mit einigen gleichaltrigen Mädchen spielte, glaubte sie für einen Augenblick den Bösen selbst zu sehen, ein fürchterliches Mißgebilde mit vielen Händen und Füßen. Sie floh erschrocken in ihre Kammer, wo sie durch die Gewißheit getröstet wurde, daß der Böse ihr nichts tun könne, solange sie unter dem Schutz des Gekreuzigten stehe. Erst mehrere Jahre später wagte sie, die furchtbare Erscheinung ihrer Tante anzuvertrauen.

Die Tante ließ die Mädchen handarbeiten, und Birgitta war besorgt, ob sie die Erwartung erfüllen und die feine Stickerei mit Gold- und Silberfäden so geschickt ausführen könne, wie sie es sollte. Die Arbeit wurde aber so ungewöhnlich schön, daß die Tante nicht anders glauben konnte, als daß Birgitta übernatürliche Hilfe erhalten habe – die Schönheit der Arbeit müsse göttlichen Ursprunges sein. Die Tante verwahrte diese Arbeit unter ihren größten Kostbarkeiten.

Für ein junges Mädchen mit Birgittas Veranlagung müßte es eigentlich ganz natürlich erschienen sein, sich ein Leben in der Reinheit der Klosterjungfrau und in der Hingabe an Gott zu erträumen. Das Schicksal wollte es aber anders. Als Birgitta dreizehn Jahre war, beschloß ihr Vater, sie und ihre jüngere Schwester Katarina zu verheiraten und zwar mit Ulf und Magnus, den Söhnen von Gudmar Magnusson, dem Gerichtsherrn in Västergötland. Diese Ehen wurden von den Eltern entsprechend der Sitte der damaligen Zeit über die Köpfe der Kinder hinweg zustandegebracht. Birgitta folgte dem Gebot des Gehorsams. Ulf Gudmarsson war fünf Jahre älter als seine junge Frau, als die Ehe 1316 geschlossen wurde. Auf Birgittas Wunsch aber und mit Rücksicht auf ihr noch so jugendliches Alter soll der Vollzug der Ehe noch einige Jahre aufgeschoben worden sein.

Obwohl Birgitta durch ihre Heirat ihren Wohnsitz in Östergötland erhielt, sind die Verbindungen mit dem Elternhaus sicher lebhaft gewesen. Die Auseinandersetzungen zwischen König Birger und seinen Brüdern, den Herzögen Erik und Valdemar, brachten unruhige Jahre für Schweden. Sowohl Birgittas Vater als auch ihr Gatte standen auf der Seite der Herzöge. Als nach dem Mord auf dem berühmten Gastmahl in Nyköping die Herzöge in den Turm geworfen und dem Hungertod überantwortet wurden, haben Birgittas Vater und Mann gemeinsam zur Vertreibung von König Birger beigetragen und die Wahl von Magnus, dem dreijährigen Sohn von Herzog Erik, zum schwedischen König betrieben (1319). Erst im Jahr darauf hält Birger Persson die Zeit für gekommen, das Erbe seiner Frau zu verteilen; dabei erhielt Birgitta sieben Güter in Småland, der damals südlichsten Provinz Schwedens. 1321 begibt er sich auf eine Pilgerfahrt, die ihn wahrscheinlich sowohl nach Rom als auch nach Santiago de Compostela führte. Während seines Aufenthaltes am päpstlichen Hof in Avignon erwirbt er einen Ablaßbrief (1/10 1321) zugunsten der toten Herzöge, wie auch für sich selbst und für alle seine Familienglieder, die lebenden wie auch die toten.

Im Juni 1322 war Birger Persson wieder in Schweden und nahm an der Zusammenkunft des Reichsrates in Tälje teil, wo Birgittas Mann und andere junge Männer allem Anschein nach zu Rittern geschlagen wurden.

Im Oktober 1326 verfaßte der nun über sechzigjährige Birger Persson sein Testament auf Finsta und starb am 3. April des folgenden Jahres. Nach erhaltenen Abrechnungen muß das Begräbnis Birger Perssons eines der prächtigsten und großartigsten seiner Zeit gewesen sein. Die Glieder der königlichen Familie und die Spitzen des weltlichen und kirchlichen Adels zogen im Trauergefolge mit. Die vierundzwanzigjährige Birgitta konnte bei dieser Gelegenheit die obersten Vertreter der Gesellschaftsschicht versammelt sehen, deren Übermut, Eitelkeit, lockere Sitten und Gier nach Macht und Besitz sie später so scharf kritisieren sollte.

Zur Zeit der Gotik folgte man in Schweden den Sitten der großen Kulturländer im Süden. Paris und seine Universität war die strahlende Leuchte der Christenheit; dorthin richteten schwedische Geistliche zu Anfang des 14. Jahrhunderts mit Vorliebe ihre Schritte, um theologische und andere Studien zu betreiben, und Frankreichs Feudalsystem wurde zum unerreichten Vorbild der schwedischen Herrenschicht. Der Bergbau und ein wachsender Auslandshandel, der zur Gründung neuer Städte wie Stockholm (1253?) führte, brachte neue Mittel und Möglichkeiten.

Birger Persson hatte sich seine Grabstätte in der neuen gotischen Kathedrale gewählt, die mit Hilfe hinzugezogener französischer Steinbaumeister seit dem Ausgang des 13. Jahrhunderts auf der Uppsala-Ebene erbaut wurde. Der St.-Nikolaus-Chor im Norden des Kapellenkranzes, der um den Hochaltar der Kirche herum angeordnet ist, ist von Birger Persson gestiftet; hier liegt auch heute noch eine großartige Grabplatte aus schwarzem Marmor von Tournai, die vielleicht von Birger während seiner Pilgerfahrt nach Rom und Santiago bestellt wurde. Die Grabplatte zeigt Birger Persson und Ingeborg Bengtsdotter als gotisches Ritterpaar mit betend zusammengelegten Händen, und in den schmalen Pilastern zu beiden Seiten zeichnen sich drei Söhne und vier Töchter ab. Als Ingeborg Bengtsdotter starb, waren nur noch drei ihrer Kinder am Leben, Birgitta, Katarina und ihr Bruder Israel, dessen Geburt vielleicht die Mutter das Leben kostete.

Die Grabplatte ist das bedeutendste Grabmal, das wir aus der Zeit der schwedischen Hochgotik kennen, und hat den denkbar vornehmsten Platz erhalten: nur einige Schritte vom Hochaltar entfernt, neben dem der schwedische König und Heilige St. Erik in seinem goldenen Schrein ruht. St. Erik, der Märtyrer, der einen Kreuzzug nach Finnland

Grabplatte der Eltern Birgittas, Birger Persson und Ingeborg Bengsdotter, in der Nikolauskapelle der Kathedrale von Uppsala

unternahm (gest. 1160), war der Schutzpatron des Reiches und Birgittas Schutzheiliger.

Anläßlich der Beerdigung ihres Vaters oder später, als sein Erbe am 25. März 1328 in Uppsala geteilt wurde, hat Birgitta vielleicht auf diesem Wege im väterlichen Gut Finsta geweilt, das nun ihrem Bruder Israel zufiel. Sie hat die Stätte ihrer kindlichen Spiele, die Kirche von Skederid und die eigenartigen Findlingssteine wiedergesehen, die sich auftürmen und in dem jetzigen Park von Finsta eine kleine Grotte bilden. Frommer Tradition zufolge wird dieses eigenartige Naturgebilde als die Gebetsgrotte der hl. Birgitta bezeichnet, und schon im 15. Jahrhundert stand hier eine kleine Birgitta-Kapelle aus Holz, die aber schon lange verschwunden ist.

Ehefrau auf Ulvåsa

Im Schutze tiefer Wälder, auf einer Landzunge, die in den Boren-See hineinragt, liegen die Überreste von Ulvåsa, wo Birgitta während ihrer mehr als siebenundzwanzigjährigen Ehe mit Ulf Gudmarsson zu Hause war. Das Erdgeschoß eines fast quadratischen Steingebäudes ist erhalten, und damit der befestigte Kern einer Hofanlage, die sich im Gelände durch zugewachsene Wallgräben und Hausfundamente abzeichnet. Die meisten Häuser sind aus Holz gewesen: Vorratshäuser, Ställe und Bedienstetenwohnungen und dazu je ein besonderes Gebäude für die verschiedenen Tätigkeiten im Eigenhaushalt des großen Hofes, wie es der Sitte der damaligen Zeit entsprach.

Birgitta war aus Gehorsam gegen ihren Vater in den Ehestand getreten und begann nun ein neues Leben mit neuer Verantwortung im Gehorsam gegenüber dem Ehemann. Gehorsam war eine von Gott auferlegte Pflicht. Eines Tages sollte Birgitta nach der Lektüre der bekannten Erbauungsschrift „Speculum virginum" zu folgender Formulierung inspiriert werden: „Die Jungfräulichkeit verdient die Krone, der Witwenstand nähert sich Gott, und die Ehe ist nicht vom Himmel ausgeschlossen, der Gehorsam aber führt sie alle zur Herrlichkeit."

Ulf war ein stattlicher junger Mann, lebensfroh und rechtschaffen, dabei empfänglich für die religiösen Ideale, die seine junge Frau beseelten. Ihre Ehe scheint glücklich und harmonisch gewesen zu sein. Sie wurde mit acht Kindern, vier Söhnen und vier Töchtern, gesegnet. Zwei der Söhne, Gudmar und Bengt, starben im Schulalter, und auch die Tochter Ingeborg, die dem Zisterzienserkloster Riseberga in Närke übergeben worden war, starb jung. Märta, Karl, Birger, Katarina und Cecilia erreichten das Erwachsenenalter. Die Zeit, in der die Kinderschar heranwuchs, fiel aufs große Ganze gesehen in die Jahre 1320–1340. Katarina und Cecilia waren noch keine zwanzig Jahre beim Ableben des Vaters (1344), und Bengt, das jüngste Kind, starb einige Jahre vor dem Vater.

Birgitta wußte sich nicht nur für die Erziehung der Kinder, sondern auch für alle Dienstleute, die dem großen Haushalt des Hofes angehörten, verantwortlich. Es wird erzählt, daß aus den biblischen Büchern und den Heiligenlegenden vorgelesen und unterrichtet wurde, und wahrscheinlich war ein besonderer Kaplan für die Kapelle des Hofes zuständig. Es ist möglich, daß der gelehrte Magister Matthias, der seit den dreißiger Jahren als Kanonikus am Dom zu Linköping bekannt war, diesen Dienst versehen hat. Als Birgittas Beichtvater hat Magister Matthias später einmal die weitsichtige

Reflexion festgehalten: „Dies ist bei Frau Birgitta das Zeichen zukünftiger Gnade, daß sie ebenso sehr über leichte Sünden weint wie andere über die allerschlimmsten und daß sie nichts in ihren Worten oder Taten unerforscht läßt."

Birgittas Söhne wurden in Skänninge, der nächstgelegenen Stadt, zur Schule geschickt, und Birgitta hat mit den Dominikanerschwestern der Stadt sicher eine enge Verbindung unterhalten. Das Kloster, der älteste Dominikanerinnenkonvent in Schweden, war von Ingrid Elofsdotter gestiftet, die eine nahe Verwandte von Birger Perssons erster Frau war und im Ruf einer Heiligen stand. Zu den Schulkameraden der Söhne gehörte der begabte, geistlich frühreife Nils Hermansson, der sich als Hauslehrer der jungen Söhne zeitweise auf Ulvåsa aufgehalten haben soll (das lästige Latein!). Im Lauf der Zeit wurde er als Nicolaus Hermanni, Oberhirte des Bistums Linköping und Verwalter von Birgittas geistlichem Erbe, bekannt.

Die Frau auf Ulvåsa wurde bald wegen ihrer Wohltätigkeit bekannt. Sie ließ auf dem Hof ein besonderes Gebäude für Arme und Kranke errichten und beteiligte sich selbst an der Pflege von Geschwüren und Wunden. Übervorsichtige Menschen entsetzten sich über die Ansteckungsgefahr, wenn sie sich von ihren jungen Töchtern bei diesen Krankenbesuchen begleiten ließ; Birgitta aber antwortete, ihre Kinder sollten beizeiten lernen, Gott an den Armen und Kranken zu dienen.

Für Birgitta bedeutete das Leben auf Ulvåsa ein Heranwachsen in der Verantwortung, nicht nur für die Familie und die Untergebenen, auch nicht nur für Notleidende und Bedürftige, sondern für all die Menschen, mit denen sie in Kontakt kam. Diese Kreise weiteten sich im Lauf der Jahre immer mehr aus.

Im Mai 1330 wurde Ulf zum Gerichtsherrn in Närke, der nördlich von Ulvåsa gelegenen Landschaft, bestellt; dort besaßen Birgitta und ihr Mann Güter und Eisenhütten auf einem „Eisenberg". Etwas später wurde Ulf Mitglied des Reichsrates, wahrscheinlich anläßlich der Volljährigkeitserklärung von König Magnus, die mit großen Festlichkeiten auf dem Schloß Bohus gefeiert wurde. Die öffentlichen Aufträge führten Ulf auf häufige Reisen: er folgte dem König und seinem wandernden Hof von Oslo und Tönsberg im Westen, nach Helsingborg, Varberg und Kalmar im Süden und nach Uppsala, Stockholm, Strängnäs und Örebro im Norden. Manchmal hat Birgitta ihren Mann auf diesen Reisen begleitet; im allgemeinen aber fühlte sie sich verpflichtet, auf Ulvåsa zu bleiben und dort ihre häuslichen Pflichten zu erfüllen.

Auf Ulvåsa war das Leben geschützter und kontrollierter als am Hof des Königs, und vielleicht liebte Birgitta diese Zeiten der Einsamkeit besonders, wenn Ulf mit seinen Aufträgen unterwegs war; dann konnte sie sich ungestörter den geistlichen Übungen widmen, die sie so sehr liebte. Wenn Ulf fort war, schlief sie nicht in dem großen prächtigen Ehebett, sondern in einer Ecke auf dem Fußboden auf einem Lager von Stroh und Bärenfell; es war viel leichter, den Leib mit Fasten und Wachen zu kasteien, wenn man wußte, daß keiner Anstoß daran nahm.

Im Jahre 1335 heiratete König Magnus die flämische Grafentochter Blanka von Namur. Birgitta erhielt den Auftrag, die junge Königin in Brauch und Sitte ihres neuen Vaterlandes einzuführen. So lernte sie das junge Königspaar näher kennen und gelangte vielleicht damals schon durch die Macht ihrer Persönlichkeit zu einem gewissen Einfluß am Hof. Sicher trug diese Zeit dazu bei, Birgittas erzieherische Fähigkeiten zu fördern. Zugleich konnte sie bessere Einblicke in die Geschäfte des Reiches gewinnen als früher, wo ihr die Neuigkeiten aus dem Rat der Männer von ihrem Vater oder ihrem Mann vermittelt wurden.

König Magnus geriet in große finanzielle Schwierigkeiten, als er in der Mitte der dreißiger Jahre die Provinz Skåne auslösen mußte. Er machte große Anleihen beim schwedischen Adel, auch bei Ulf Gudmarsson, und gab dafür Lehen als Pfand. Es ist möglich, daß Ulf in einem solchen Zusammenhang das Schloß zu Vadstena als Lehen empfing – dieses rote Ziegelschloß am Ufer des Vättern, nur einige Meilen südlich von Ulvåsa gelegen. Vielleicht ist er aber auch nur königlicher Statthalter auf dem Schloß gewesen, das vom Urgroßvater des Königs Magnus in der Mitte des 13. Jahrhunderts errichtet wurde. Sowohl Birgitta als auch Ulf haben zeitweise auf dem Schloß residiert. Vielleicht stammen aus dieser Zeit die engen Verbindungen mit den Zisterzienserbrüdern in Alvastra, der ersten Klosteranlage vom Orden des hl. Bernhard im Norden (1143), die mit ihren strengen grauen Mauern am Fuße des Ombergs ein paar Meilen südlich von Vadstena stand.

Birgitta, die erst in den Dreißigern war, hat doch schon damals die Gabe gehabt, ihren Mitmenschen, Männern und Frauen, Jungen und Alten, zu helfen und sie zu stützen. Besonders nahm sie sich gefallener Frauen an, denen sie mit gutem Zureden und mit ihren geldlichen Mitteln zu einer ehrlichen Ehe oder zu einem neuen Leben im Schutz von Klostermauern verhelfen konnte. Es gab aber auch Menschen in geistlicher Not, die ganz von sich aus Birgittas Rat und Fürbitte suchten. Sie hat mit ihrem Scharfblick die Schwächen und verborgensten Geheimnisse der Menschen gesehen, wie sie zugleich auch ihre körperlichen Schmerzen und Beschwerden mitfühlte. Vielleicht hat sie schon in diesen Jahren eine seherische Gabe gehabt.

Eines Tages, als Birgitta zum Hl. Botvid betete – einem Märtyrer der schwedischen Missionszeit, dessen Reliquienschrein in der Bot-Kirche gleich südlich von Stockholm stand – vernahm sie wie in Ekstase folgende Antwort auf ihr Gebet: „Ich und auch andere Heilige haben dir die Gnade Gottes erworben, geistliche Dinge zu hören, zu sehen und zu kennen, und Gottes Geist wird deine Seele entzünden." Diese Offenbarung empfing Birgitta vier Jahre vor dem Tode ihres Mannes, also in den Jahren 1339—1340.

Birgittas Mann gehörte natürlich zu denen, die ihrem Einfluß am stärksten ausgesetzt waren. Dem Prior Petrus in Alvastra zufolge soll Birgitta ihren Mann das Stundengebet der Jungfrau Maria gelehrt haben, und auf ihr Drängen hin soll er Gesetzestexte studiert haben, um seinem richterlichen Amt gerecht werden zu können.

Und doch war Ulf Herr in seinem Haus. Wir wissen von wenigstens einem ernsten Konflikt, in dem sich Birgitta, wenn auch unter starkem innerem Widerstand, jedoch entsprechend ihrer gesetzlichen Stellung, dem Willen ihres Mannes beugen mußte. Es ging um die Heirat ihrer ältesten Tochter Märta. Im Zusammenhang mit einem politischen Vergleich wurde die Tochter an den mächtigen Sigvid Ribbing verheiratet, der von Birgitta nicht ohne Grund als einer der schlimmsten Raubritter des Reiches betrachtet wurde.

Eine Offenbarung, die Birgitta kurz nach dem Tode ihres Mannes — er war da noch im Fegefeuer — empfing, läßt in hübscher Weise erkennen, wie Birgitta seinen Charakter, seine Schwächen und Verdienste beurteilt. Ulf war ein rechtschaffener Richter, hätte aber in bestimmten Fällen vielleicht etwas barmherziger sein können. Er wollte gerecht sein und kein unrecht erworbenes Gut besitzen, und er und seine Familie wollten die Minderbemittelten nicht mit Auflagen und Einquartierungen beschweren, auch wenn sie vom Gesetz her dazu berechtigt waren. Ulf fand etwas zuviel Freude an den Gütern dieser Welt: er liebte kostbare Trinkgefäße und schöne Pferde, Turniere und andere weltliche Eitelkeit. Vor allem saß er gern im Kreise guter Freunde am Mittagstisch, genoß Speise, Trank und munteres Geplauder und hatte übermäßigen Spaß an den Darbietungen und Possen des kleinen Hofnarren.

In den letzten Jahren ihrer Ehe, als sie gemeinsam die lange Pilgerfahrt nach Santiago de Compostela in Spanien unternahmen, sind sich Ulf und Birgitta sicher noch näher gekommen. Die Reise wurde vermutlich im Frühsommer 1341, zusammen mit Verwandten, Freunden und Geistlichen, angetreten; unter den letzteren war auch der Zisterziensermönch Svennung, der Beichtvater Birgittas. Ulf legte sich eine besondere Enthaltsamkeit auf und trank nichts in den Raststätten am Wege, um so seine frühere Unmäßigkeit in Speise und Trank zu sühnen.

Vor dem Aufbruch waren die minderjährigen Kinder in sichere Hände gegeben: Bengt kam nach Alvastra, Katarina zur Schwester Ingeborg nach Riseberga und Cecilia zu den Dominikanerschwestern in Skänninge.

Der Reiseweg führte vielleicht über Köln und Aachen, Tarascon und Saint-Maximin, das Birgitta besucht haben soll — oder war es doch auf einer anderen, späteren Reise, die uns im übrigen unbekannt ist? Das einzig Sichere, was wir von der Reiseroute der Pilger wissen, ist der Aufenthalt in Arras auf der Heimfahrt zu Anfang des Jahres 1342. Ulf wurde dort schwer krank, und Birgitta fürchtete um sein Leben. In ihrer Not wandte sie sich an St. Denis, den Schutzpatron Frankreichs, und empfing in ihrem Gebet den Trost, Ulf solle wieder gesund werden und heimkehren und seine Genesung solle für Birgitta ein Zeichen sein, daß sie nun unter dem besonderen Schutz von St. Denis stehe, da Gott durch sie der Welt seinen Willen bekanntmachen wolle.

Einige Tage später sieht sie wie in einer prophetischen Vision, wie sie Rom und die heilige Stadt Jerusalem besuchen und wie sie von dieser Welt scheiden wird. Müde vom vielen Wachen am Krankenlager ihres Mannes läßt sie ihre Gedanken in eine noch weit entfernte Zukunft gleiten.

Birgitta und Ulf kehren nach Schweden zurück. Sie lebten nun enthaltsam und planten den Eintritt in ein Kloster. Vielleicht beabsichtigten sie sogar, selbst ein Kloster zu gründen. Ulf aber, der noch gesundheitlich geschwächt war, zog sich zu den Zisterzienserbrüdern in Alvastra zurück, wo er am 12. Februar 1344 starb.

Als es mit ihm zu Ende ging, ergriff er Birgittas Hand und streifte einen Ring auf ihren Finger mit der Bitte, sie möge seiner Seele fleißig gedenken. Einige Tage nach seinem Tod zog Birgitta – zum unverhohlenen Erstaunen ihrer Angehörigen – den Ring vom Finger. Birgitta erschien der Ring wie eine Fessel. Sie entsagt nun der Welt und damit auch den Erinnerungen an ein selbstsüchtig genossenes Glück, um ein Leben in Entsagung und schöpferischer Liebe in der Nachfolge Christi zu leben. Sie läßt sich beim Kloster in Alvastra, dicht beim Grab ihres Mannes, nieder, bereit, ,,aus der Zeit zu gehen'', wie man sagte, d. h. die Welt mit ihrer sinnlichen Lust zu verlassen, um sich mit ganzer Kraft dem Dienst des Herrn zu weihen, in dessen Händen das Seelenheil des lieben Entschlafenen ruht. Der Witwenstand bringt näher zu Gott.

Birgitta – die Braut Christi

In der Form der Offenbarung ließ Christus Birgitta wissen, was in ihr während dieser Tage in Alvastra vor sich gegangen war. ,,Als deine Seele beim Tode deines Mannes von schwerer Trübsal befallen wurde, da sprang plötzlich ein Funke meiner Liebe, der in dir verborgen gelegen hat, auf. Denn, nachdem du die Eitelkeit der Welt betrachtet hattest, übergabst du mir deinen ganzen Willen und trachtetest nach mir mehr als nach irgend etwas anderem. Dank diesem Liebesfunken schmeckte dir das Wort der Evangelien und der Umgang mit meinen Gelehrten, und die Enthaltsamkeit gefiel dir so gut, daß alles, was dir bisher als bitter erschienen war, dir jetzt süß zu werden begann." (V: 10).

Eines Tages, als Birgitta, verwirrt und unglücklich nach dem Tod ihres Mannes, in ihrer Kapelle betete, „umfloß sie der Geist des Herrn und entzündete sie". Im Geist entrückt sah sie eine lichte Wolke und hörte aus der Wolke eine Stimme, die zu ihr sagte: „Ich bin dein Gott, der mit dir sprechen will." Sie erschrak und fürchtete, es könne ein Blendwerk des Teufels sein. Dann aber hörte sie die Stimme weiter: „Fürchte dich nicht, denn ich bin der Schöpfer aller Dinge und kein Betrüger. Du sollst wissen, daß ich nicht nur um deinetwillen zu dir spreche, sondern um des Heiles aller Christen willen. Höre also auf das, was ich sage! Du sollst meine Braut und mein Sprachrohr sein und du sollst geistliche Dinge und himmlische Geheimnisse zu hören und zu sehen bekommen, und mein Geist soll bis hin zum Tode bei dir bleiben. Glaube also fest, denn eben der, der von der reinen Jungfrau Maria geboren wurde, der für das Seelenheil aller litt und starb, der von den Toten auferstand und gen Himmel fuhr, eben der ist es, der jetzt zu dir durch seinen Geist spricht" (Extrav. 47).

Birgitta eilt darauf zu ihrem Beichtvater, um ihm von dem seltsamen Erlebnis zu berichten. Der gelehrte Magister Matthias, der sein Beichtkind kennt, spricht ihr tröstend und beruhigend zu und mahnt sie, zu beten und zuversichtlich zu sein.

Birgittas Seele aber ist in Aufruhr und zittert vor Furcht; sie meint, vergehen zu müssen in der Erkenntnis ihrer eigenen Elendigkeit, Geringheit und Unwürdigkeit gegenüber der Berufung, einem so mächtigen Herrn dienen zu sollen.

Christus aber spricht zu seiner Braut: „Du bist mein. Deshalb will ich mit dir verfahren, wie es mir gut dünkt. Liebe nichts so wie mich. Reinige dich stündlich von der Sünde und laß dich dabei von denen beraten, denen ich dich anvertraut habe. Verbirg keine Sünde und laß nichts unerforscht. Sei dir dessen bewußt, daß keine Sünde so leicht oder so unbedeutend ist, daß sie übersehen werden dürfte" (I: 36).

In einer ihrer Offenbarungen sieht Birgitta ihr altes Ich als ein entstelltes Schreckensbild, besudelt mit dem Schmutz der Wollust, Lüsternheit und Eitelkeit. Christus mahnt sie zur Besserung: „Enthalte dich mit deinem Mund alles langen und eitlen Redens, verschließe deine Ohren vor aller üblen Nachrede und laß deine Augen nicht unnötig umherschweifen. Öffne deine Hände, um den Armen Almosen zu geben, und beuge deine Knie, um ihnen die Füße zu waschen. Dein Körper soll ohne alle Ansprüche bekleidet sein und nur soweit gepflegt werden, daß er meinen Dienst verrichten kann, ohne der Wollust zu verfallen. Es darf in deinen Kleidern keinen einzigen Faden geben, der von Hoffahrt zeugt. Alles soll dem Nutzen und der Notdurft dienen, und nichts aus dem Überfluß kommen. Ich gebiete dir auch, allen geschlechtlichen Umgang zu meiden, denn, wenn du meinem Willen folgst, sollst du in Zukunft Mutter geistlicher Kinder werden, so wie du bisher Mutter leiblicher Kinder gewesen bist." (Extrav. 75).

Birgitta sucht sich nun der Innerlichkeit, Selbstentsagung und strengen Zucht des Klosterlebens zu widmen, und das mit der ganzen Intensität der Neubekehrten. Es ist ihr, als sei eine lebenslange Sehnsucht endlich in Erfüllung gegangen, als sie sich im Schatten der Klostermauern am Omberg niederläßt. Gott aber beruft sie zur Prophetin und Verkündigerin und schenkt ihr nicht das zurückgezogene Leben einer Klosterschwester.

In Alvastra, ihrem Zuhause während dieser letzten Jahre in Schweden, suchte Birgitta das Klosterideal, das sie so lange in ihrem Herzen genährt hatte, zu verwirklichen. Ihr Beichtvater Magister Matthias berichtet: „Sie verteilte ihre Besitztümer an ihre Erben und an die Armen, sie befreite sich von den Schlingen der Welt und folgte dem Armen Christus als Arme. Für sich selbst behielt sie nur die einfachste Kost und eine sehr bescheidene Bekleidung."

Obwohl Birgitta in einem kleineren Gebäude gleich nördlich der Klostermauern wohnte, weckte es doch ein gewisses Erstaunen, daß die trauernde Witwe in ihrem Bedürfnis nach geistlicher Leitung und reicherem gottesdienstlichen Leben ihren Wohnsitz neben einem Mönchskloster wählte. Auch unter den Bewohnern des Klosters kam es zu einer gewissen Opposition: „Weshalb soll diese Frau entgegen unserer Regel hier in einem Mönchskloster wohnen und einen neuen Brauch einführen?" fragte sich der fromme alte Bruder Gerekin; im Gebet aber vernahm er eine Stimme, die ihm sagte: „Diese Frau steht Gott sehr nahe und ist ins Kloster gekommen, um am Fuße dieses Berges Blüten zu sammeln, die allen Menschen Heilung gewähren sollen, auch denen jenseits des Meeres und an den Grenzen der Welt." – „Es ist nicht glaubhaft und stimmt nicht mit der Schrift überein", sagte einer der asketischen Männer, „daß Gott uns Männer des Geistes, die seine Diener sind, verlassen haben sollte, um seine Geheimnisse vornehmen Damen zu eröffnen." Aber auch dieser Bruder wurde, wie auch andere, durch Zeichen und Wunder anderen Sinnes und von der göttlichen Sendung Birgittas überzeugt. Petrus Olavi, der Subprior des Klosters, der im Namen Christi von Birgitta aufgefordert war, ihr Sekretär zu werden, hatte den Auftrag ablehnen wollen, und zwar unter dem Vorwand, er sei dazu unwürdig; der eigentliche Grund aber war der, daß er am Wahrheitsgehalt der Offenbarungen zweifelte. Er wurde aber von der göttlichen Gerechtigkeit durch „einen so harten Backenstreich" getroffen, daß er wie tot erschien; die Lähmung ging erst vorüber, als er in seinem Herzen bereute und beschloß, dem Ruf Birgittas zu folgen. Der Prior Petrus wurde Birgittas Freund und Gefährte fürs Leben und er war es, der die himmlischen Offenbarungen aufzeichnete und sie ins Lateinische übersetzte (Extrav. 48).

Birgitta weiß sich in die Hand des Herrn versetzt, umgetrieben und erschüttert, aufs neue geboren und von Gott auserwählt. Es muß etwas wie ein Strahlenglanz übernatürlicher Macht in diesen Jahren um ihre Person gestanden haben, eine Ausstrahlung, die überzeugte und allen Widerstand überwand.

Christus und die Jungfrau Maria sprechen zu Birgitta, und sie hört ihre Stimmen in der Ekstase der Gebetsstunden, „wenn der Körper wie in eine Betäubung, doch nicht in die des Schlafes sinkt". Die Jungfrau Maria führt Birgitta zu ihrem Sohn und bittet: „Hiermit bitte ich dich für meine Tochter, da sie so schüchtern ist, ja, ich bitte für deine Braut, deren Seele du mit deinem Blut erlöst hast, die du mit deiner Liebe erleuchtet, mit deiner Güte erweckt und mit der du dich durch deine Barmherzigkeit verlobt hast. Ich bitte dich, mein Sohn, gib ihr dreierlei . . . Gib ihr Bekleidung: nicht von dieser Welt, sondern vom Himmel, die nicht äußerlich, sondern innerlich von Liebe und Keuschheit strahlt. Gib ihr das Gewand der Tugenden . . . Gib ihr deinen allerwürdigsten Leib . . . Mein Sohn, gib deiner Braut diese Kost, denn ohne sie verwelkt und verkümmert sie wie ein Kind, dem die Milch fehlt; mit ihr und durch sie aber erhält sie erneute Kräfte zu allem Guten, wie ein Kranker durch die Speise. Gib ihr drittens, mein Sohn, einen glühenderen Geist . . ." (VI, 42).

Während einer nächtlichen Weihnachtsmesse in Alvastra wurde Birgitta von einem so großen und wunderbaren Freudenjubel des Herzens ergriffen, daß sie sich vor Freude kaum beherrschen konnte; gleichzeitig merkte sie ein deutlich spürbares und seltsames Zucken in ihrem Herzen, als wäre darin ein lebendiges Kind, das sich hin und her bewegte. Am Weihnachtstag selbst offenbart sich ihr die Mutter Gottes während der Messe und sagt zu ihr: ,,Tochter, du wunderst dich über das Zucken, das du in deinem Herzen spürst. Du sollst wissen, daß das kein teuflischer Betrug ist, sondern der Seligkeit entspricht, die ich empfand, und der Barmherzigkeit, die mir widerfuhr . . . so war die Ankunft meines Sohnes in meinem Schoß seltsam und plötzlich . . . Deshalb sollst du dich nicht fürchten, sondern dich freuen, denn das Zucken, das du spürst, ist ein Zeichen für die Ankunft meines Sohnes in deinem Herzen'' (VI, 88).

Birgitta erlebt mehrere solche Gnadenstunden im Zusammenhang mit den Meßfeiern in der Klosterkirche zu Alvastra. An einem Pfingstfeiertag sieht sie Feuer vom Himmel über den ganzen Altar strömen, und in der Hostie, die von den Händen des Pfarrers erhoben ist, erblickt sie ein Lamm und darin ein flammendes Männergesicht. Bei einer anderen Gelegenheit sieht sie bei der Erhebung der Hostie einen Jüngling von wunderbarer Schönheit, der sagt: ,,Ich segne euch, die ihr glaubt; denen aber, die nicht glauben, werde ich zum Richter werden.'' (VI, 86).

In der Meditation der Ostermysterien findet Birgitta ihre reichste Nahrung. Wieder wird sie von der Jungfrau Maria geführt und mit Marias Augen erlebt Birgitta Christi Leiden und Tod. ,,Siehe, meine Tochter, das hat mein Sohn für dich gelitten!'' So beendet die Jungfrau Maria eine erschütternde Schilderung der physischen Qual und Erniedrigung des Kreuzestodes (I, 10), und Christus sagt zu Birgitta, daß der, der nicht bereit ist, seinem Herrn im Leiden nachzufolgen, ihm auch nicht zur Ehre folgen kann.

,,Nun gibt es zwei Wege, zum Herzen Gottes zu kommen'', sagt die Jungfrau Maria: ,,Der erstere ist die Demut der wahren Reue, die den Menschen zum Herzen Gottes hin und zum geistlichen Gespräch mit ihm führt. Der andere Weg ist der, das Leiden meines Sohnes zu betrachten" (IV, 101).

„Bedenke daher, meine Tochter, das Leiden meines Sohnes und entfliehe der Unbeständigkeit der Welt, die nur ein betrügerischer Schein und eine schnell verwelkende Blüte ist."

Die Meditation im Blick auf das Leiden Christi ist ein Grundmotiv in Birgittas geistlichem Leben und wird jeden Freitag wiederholt, wenn sie brennende Tropfen geschmolzenen Wachses auf ihren Leib tropfen läßt und den bitteren Stahlwurz im Munde trägt. Diese Meditation ist der Brustschmuck, den die Jungfrau Maria ihr zu tragen gebietet.

Das Bild des gekreuzigten, leidenden Erlösers steht vor ihrem inneren Blick und klagt sie wegen Versäumnissen und Mängeln an, ja, klagt ihre ganze Umwelt an, deren Egoismus, Gewalt und Übertretungen des Liebesgebotes dem leidenden Erlöser ständig neue Wunden, neue Schmerzen und neue Schmach zufügen. Wer die Liebe Christi vergißt und verachtet – und eben das tut die Zeit, in der Birgitta lebt – schwingt die Geißel gegen den ungeschützten Leib des Erlösers, preßt die Dornenkrone auf seine Stirn, so daß sich die Augen mit Blut füllen, hämmert die Nägel in die Hände, die erbarmend und segnend erhoben sind. Birgitta sieht sich nach den Bütteln um, die ihren geliebten Bräutigam peinigen. Überall sieht sie dieselbe Feigheit und Verräterei, und ihr Herz füllt sich mit Gram. Wie blind sind doch die Menschen für Gottes Herrlichkeit und wie taub für seine Stimme!

Birgitta hört die Stimme Gottes im Ruf der Propheten, in der Sprache des Gesetzes und in allem, was vom Anfang der Zeiten an geschehen ist: „. . . betrachte meine Schönheit durch die Schönheit der Elemente . . . Sieh mich letztlich am schönsten auf dem Berge, am schimpflichsten aber am Kreuz, wo ich keine Gestalt noch Schöne hatte. Sieh mich an und denk darüber nach, denn ich, der ich um deinetwillen litt, spreche nun zu dir. Sieh mich nicht mit den Augen des Fleisches, sondern mit denen des Herzens. Siehe, was ich dir gegeben habe, was ich von dir fordere und was du mir wieder dafür geben sollst. Ich gab dir eine Seele ohne Flecken — gib sie mir auch fleckenlos wieder zurück! Ich litt für dich, damit du mir folgen solltest. Ich lehrte dich, nach meinem Willen und nicht nach dem deinen zu leben. Höre meine Stimme, der ich im Fleische dir zurief: ,,Tu Buße!'' Höre meine Stimme, der ich am Kreuz nach dir rief: ,,Ich dürste nach dir!'' (Extrav. 82).

Birgittas Seele füllt sich angesichts der Güte und Allmacht Gottes mit Jubel; ihr Herz öffnet sich der Liebe Gottes, die brennt, reinigt und verwandelt. Birgittas Seele ist wie das schmelzende Wachs, das vom Siegel geformt wird.

,,O, mein liebster Gott, wenn du mein Herz deines Besuches würdigst, können sich meine Arme nicht stillhalten, sondern müssen meine Brust vor göttlicher Liebe umarmen — so groß ist die Süßigkeit, die ich in meinem Herzen fühle. Es kommt mir so vor, als drücktest du dich so fest in meine Seele, daß du ihr Herz und Mark und das ganze Innere wirst . . .''

Christus antwortet: ,,Tochter, wie sich das Wachs ins Siegel eindrückt, so soll deine Seele in den Heiligen Geist eingeprägt werden . . .'' (Extrav. 116).

Ja, Birgitta sollte wahrlich mehr als das stumme Wachs sein, das vom Siegel geprägt wird.

Der Sohn spricht zu seiner Braut: ,,Du solltest wie eine Geige sein, auf der der Spieler liebliche Töne hervorruft. Der Besitzer der Geige versilbert ihr Äußeres, so daß sie kostbarer erscheinen soll und vergoldet ihr Inneres mit dauerhaftem Gold. So sollst auch du mit guten Sitten und menschlicher Weisheit versilbert sein, so daß du verstehst, was du Gott und deinem Nächsten schuldig bist und was deiner Seele und deinem Leibe zum ewigen Heil dient. Inwendig sollst du mit Demut vergoldet sein, so daß du nicht danach trachtest, jemand anderem außer mir zu gefallen, und dich nicht davor fürchtest, Menschen um meinetwillen zu mißfallen. Der Spieler tut ferner dreierlei für seine Geige: Zum ersten schlägt er sie in ein Tuch ein, so daß sie keine Flecken bekommt, dann macht er ein Futteral, in dem sie aufbewahrt werden kann, und schließlich bringt er ein Schloß an dem Futteral an, so daß kein Dieb sie stehlen kann. Ebenso sollst du in Reinheit gehüllt werden, auf daß du nicht mehr in Begierde oder Lust befleckt wirst. Trachte gern danach, einsam zu sein, denn der Umgang mit bösen Menschen verdirbt gute Sitten. Das Schloß bezeichnet die gewissenhafte Sorge für deine Sinne und für all dein Inneres, so daß du in allen deinen Handlungen darauf achtest, daß du nicht durch die List des Teufels betrogen wirst. Der Schlüssel aber ist der Heilige Geist, der dein Herz öffnet, wie es mir zu meiner Ehre und zu Nutzen der Menschen wohlgefällt'' (IV, 100).

Die Offenbarungen –
Birgitta als Sprachrohr Gottes

Wie die Offenbarungen aufgeschrieben wurden

Birgitta hat selbst beschrieben, wie sie die begnadeten Augenblicke der himmlischen Offenbarungen erlebt hat. Im Zusammenhang mit einer ihrer umfassendsten Offenbarungen, nämlich der, die von der Ordensregel des Allerheiligsten Erlösers handelt, hat sie eine solche Beschreibung gegeben.

„Gott, der Schöpfer aller Dinge, teilte mit seinem gesegneten Mund mir unwürdiger Frau alle Worte dieser Regel auf so wunderbare Weise und in so kurzer Zeit mit, daß ich das keinem Menschen ausreichend erklären kann. Ohne ein leibhaftes Bild ist es auch niemandem möglich zu verstehen, wie so viele Worte in so äußerst kurzer Zeit gesagt oder aufgefaßt werden können.

Es war so, als seien viele verschiedenartige Kleinodien in einem Gefäß zusammen, das auf einmal ausgeschüttet wurde, so daß der, der das sah, gleich das eine vom anderen unterscheiden konnte . . . Meine Vision dauerte so lange, daß ich alles im Schoß meiner Erinnerung sammeln konnte.

Nach dieser Vision war mein Herz von solcher Glut und solchem Jubel erfüllt, daß es nichts mehr hätte fassen können, wenn ich am Leben bleiben sollte, sondern dann wäre mir das Herz vor Freude gebrochen. Ja, mein Herz war einige Tage lang wie eine Blase von Luft überfüllt, bis daß ich einem Mönch und Gottesfreund alle Artikel der Regel und die Worte, die da hineingehören, erzählt hatte. Er schrieb so schnell, wie er konnte, alles auf, und als alles aufgeschrieben war, fühlte ich, wie mein Herz und mein Leib allmählich in ihren natürlichen Zustand zurückkehrten" (Die Ordensregel, Kap. 29).

Kein Künstler oder Schriftsteller könnte den Augenblick der Inspiration besser schildern, als Birgitta es in diesen Zeilen tut: Das heftige Erlebnis der Vision, wenn das zukünftige Werk plötzlich in seiner Herrlichkeit wie ein übernatürliches Licht aufstrahlt und mit einer Klarheit geschaut wird, die die einzelnen Teile und ihre Beziehung zueinander mit überdeutlicher Schärfe und in ihrem tiefen Sinngehalt hervortreten läßt. Schließlich auch der schnell vorbeieilende Charakter der Vision, die Angst, alle ihre Einzelheiten nicht in dem

36

registrierenden Gedächtnis festhalten zu können, und die Erleichterung, Dankbarkeit und Befreiung, wenn sie schließlich aufgezeichnet war.

Manchmal schrieb Birgitta ihre Offenbarung selbst auf, andere Male aber waren es die Beichtväter, die nach Birgittas Diktat schrieben; und dann begann eine Bearbeitung und Übersetzung ins Lateinische, die von den Beichtvätern unter Birgittas Kontrolle ausgeführt wurde. Schon auf Ulvåsa und noch während der Jahre in Rom studierte Birgitta Latein und beherrschte diese Sprache so weit, daß sie die Übersetzung der Väter prüfen konnte.

Die ursprüngliche Vision forderte in erster Linie eine Bearbeitung durch Birgitta selbst. Christus sagt in einer Offenbarung zu Birgitta: ,,Dein Herz vermag nicht immer warm genug zu sagen und zu schreiben, was es empfindet, sondern einmal überlegst du in deiner Erinnerung, dann schreibst und schreibst du aufs neue, bis du zum rechten Inhalt meiner Worte vordringst." Aber auch die Beichtväter konnten dazu beitragen, der Offenbarung ihre endgültige Form zu geben. In der angeführten Offenbarung spricht Christus in einem Gleichnis von solchem Einsatz der Beichtväter. ,,Ich bin wie ein Schreiner, der Holzstücke im Wald haut, sie nach Hause trägt und ein schönes Bild verfertigt, das er mit Farben und figürlichen Konturen schmückt. Wenn seine Freunde sehen, daß das Bild mit noch schöneren Farben geschmückt werden könnte, wählen auch sie ihre Farben und bemalen es. So habe ich, Gott, aus dem Wald meiner Gottheit meine Worte gehauen und sie in dein Herz gelegt. Meine Freunde haben nach der Gnade, die ihnen gegeben war, diese Worte zu Büchern zusammengefügt, sie bemalt und verziert" (Extrav. 49).

Die allegorischen Auslegungen und die didaktischen Erklärungen der Offenbarungen bilden eine mühsame Schreibtischarbeit, die von Birgitta und ihren Beichtvätern

ausgeführt wurde. Die Vision selbst aber oder das Gottes-
wort, das der Kern der geschriebenen Offenbarung ist, sind
von Birgitta im Augenblick der göttlichen Inspiration empfangen worden. Die Visionen tragen oft ein physisch greifba-
res, leibhaftes Gepräge; sie sind Erscheinungen des Fegefeuers, des Himmels und der Hölle, die sich vor ihrem inneren Blick wie ein Schauspiel ausbreiten. In der Offenbarung
aber erklärt Christus, weshalb das so sein muß.

,,Das Gesicht, das du siehst, erscheint für dich nicht so,
wie es wirklich ist. Denn, wenn du die geistliche Schönheit
der Engel und der heiligen Seelen sähest, würdest du kör-
perlich den Anblick nicht ertragen können, sondern dein
Herz würde wie ein sprödes und gesprungenes Gefäß vor
seelischer Freude über das Geschaute zerbrechen. Und,
wenn du die Teufel sähest, wie sie wirklich sind, dann
würdest du entweder mit großem Schmerz leben oder durch
einen plötzlichen Tod sterben aufgrund ihres entsetzlichen
Aussehens. Deshalb werden dir geistliche Dinge in leiblicher Gestalt gezeigt . . . geistliche Worte werden dir als
Gleichnisse gesagt, denn sonst könnte sie dein Geist nicht
fassen. Wunderbarer als alles andere aber ist, daß du
meinen Geist spürst, wie er sich in deinem Herzen bewegt.''

Birgitta antwortete: ,,O du mein Herr, Sohn der Jungfrau,
weshalb hast du eine so einfache Witwe deines Besuches
gewürdigt? Ich bin ja arm an allen guten Werken, habe nur
einen geringen Verstand und wenig Kenntnisse und bin
durch lange Zeit hindurch in allen Sünden verzehrt
worden.''

Christus aber tröstet Birgitta und sagt ihr, daß alles, was er
verlangt, ,,ein reines Herz ist, in dessen Äußerem alle weltliche Lust vertrocknet und dessen Inneres von aller Liebe
erfüllt ist, so daß du nichts begehrst, nichts anderes als mich
ersehnst. Dann wird das Feuer meiner Liebe in dein Herz
eindringen und es zu allen Tugenden entzünden, so daß du

gleichsam wie im Feuer von den Sünden gereinigt wirst und als ein erneuerter Vogel wieder auferstehst, nachdem du die Hülle der Lust abgelegt hast." (II, 18).

Warum Birgitta berufen wurde

Im 45. Kapitel des ersten Buches teilt Birgitta aus einer erfahrenen Vision mit, wie Gott die Welt ansieht. Die Engel priesen die Wunder der Schöpfung und die Allmacht Gottes, Propheten und Erzväter erzählten vom Wege Israels aus der Knechtschaft in die Freiheit und von der Gabe des Gesetzes, und die Jungfrau Maria und die Apostel, ja sogar die bösen Geister zeugten von den Worten und Taten Christi, von seinem Leiden am Kreuz und seinem Sieg über das Reich des Todes.

„Da sagte der Herr: ‚Siehe, alle, die Geist und keinen Leib haben, legen das Zeugnis der Wahrheit über mich ab, aber die, die Geist und Körper haben, d. h. die Menschen, widersprechen mir. Einige wissen die Wahrheit, kümmern sich aber nicht darum. Andere kennen die Wahrheit nicht und deshalb kümmern sie sich nicht um sie, sondern erklären alles für falsch.'"

Dann wendet sich der Herr all denen zu, die von seiner Herrlichkeit gezeugt haben; er erklärt, wie die Menschen ihr Zeugnis verworfen haben, und fragt, welches Gericht nun über die Welt kommen solle. Da antworten sie ihm alle: „Wie die ganze Welt am Morgen der Zeiten in der Sintflut verging, so soll nun die Welt im Feuer vergehen, denn Bosheit und Ungerechtigkeit sind jetzt viel größer als damals."

Der Herr antwortet: „Weil ich gerecht und barmherzig bin, will ich Gericht nicht ohne Barmherzigkeit und Barmherzigkeit nicht ohne Gerechtigkeit üben. Deshalb will ich um der

Gebete meiner Mutter und meiner Heiligen willen der Welt noch einmal meine Barmherzigkeit senden. Werden sie aber auch jetzt nicht hören, dann soll die Gerechtigkeit um so strenger folgen."

Noch einmal wird Gott der Welt seine Barmherzigkeit senden und dieses Mal durch Birgitta.

Einstens war der Ruf der Welt nach Licht und Heil bis zum Himmel gedrungen und hatte Gottes Herz erweicht, seinen Sohn wie einen Pilger in die Wüste zu senden. Ohne in seiner Macht und Gottheit bekannt zu sein, bereitete Christus der Menschheit den Weg, der zum Himmel führt. Nun aber ist der Weg verändert und mit Gestrüpp und Dornen zugewachsen, und die Menschen begehen ihn nicht mehr. Die frommen Christen, die sich nach dem himmlischen Vaterland sehnen, kommen Vögeln gleich, die von Busch zu Busch fliegen, und dienen Gott gleichsam in der Verborgenheit und in Furcht, denn den Weg der Welt zu gehen, scheint allen Freude und Lust zu bedeuten."

Jetzt aber müssen Gottes Freunde in der Welt die Dornen und Disteln auf dem Weg, der zum Himmel führt, ausreißen und den Weg für alle die bahnen, die ihn entlang wandern wollen. Deshalb wird der Welt durch Birgitta Gottes Wort gesandt. Christus spricht: „Ich bin wahrlich wie eine Mutter, die ihrem verlorenen Sohn entgegenläuft, ihm ein Licht bringt, damit er den Weg sehen möchte, die ihm liebevoll auf dem Weg begegnet, die ihm den Weg verkürzt, sich ihm naht, ihn umarmt und sich freut" (II, 15).

Um dessentwillen sollen Gottes Freunde in ihrer Gottesliebe geduldig beharren und sich nicht beunruhigen oder betrüben lassen, wenn sie die Erfolge weltlicher Menschen sehen. Denn Gott kann man mit einer guten Wäscherin vergleichen, die schmutzige Kleidungsstücke in die Wellen legt, damit sie durch die Berührung mit dem Wasser reiner und weißer werden, die gleichzeitig aber sehr genau auf den

Wellenschlag achtet, so daß die Kleidungsstücke nicht untergehen. So legt Gott seine Freunde in diesem Leben in die Wellen von Armut und Betrübnis, durch die sie für das ewige Leben gereinigt werden können, achtet aber genau auf sie, so daß sie nicht untergehen (und verlorengehen) durch allzu große Trauer oder unerträgliche Betrübnis (III, 30).

Der Weg der Menschen zu Christus geht durch das Leiden. In einer Offenbarung wird Birgitta durch Christus gezeigt, wie er in der Stunde seines Leidens die Macht des Glaubens, der Hoffnung und der Liebe erwies: die Macht des Glaubens, als er seine Knie in Gethsemane beugte und in dem Wissen betete, daß der Vater ihn vor dem Leiden bewahren könne – die Macht der Hoffnung, als er standhaft wartete und sagte: Nicht, wie ich will – und die Macht der Liebe, als er sprach: Dein Wille geschehe.

Wie aber können die Menschen erwarten, in die Ehre Gottes eingehen zu dürfen, wenn sie nur einen kleinen Glauben, eine eitle Hoffnung und keine Liebe haben? Wenn sie an die ewige Freude glaubten, würden sie ja nichts anderes als Christus ersehnen. Wenn sie eine feste Hoffnung hätten, wären ihr Sinn und ihre Gedanken auf Christus gerichtet. Wenn sie göttliche Liebe hätten, würden sie das Leiden und den Opfertod Christi bedenken, der lieber am Kreuz sterben als sie verlassen wollte.

,,Aber ihr Glaube ist krank und gleichsam wackelig, denn sie glauben nur, wenn die Heimsuchung sie nicht angreift, verzagen aber sofort, wenn ihnen etwas gegen den Strich geht. Ihre Hoffnung ist eitel, denn sie hoffen, daß die Sünde der Gerechtigkeit und dem wahren Gericht entgehen wird. Sie hoffen, das Himmelreich umsonst zu bekommen, und erwünschen sich Barmherzigkeit ohne die Strenge der Gerechtigkeit. Ihre Liebe zu mir (Christus) ist ganz kalt, denn sie werden nie entzündet, mich zu suchen, wenn sie nicht von der Betrübnis gezwungen werden. Wie könnte ich von solchen erwärmt werden, die keinen rechten Glauben, keine feste Hoffnung und keine brennende Liebe zur mir haben? Wenn sie deshalb rufen und sprechen: ,,Erbarme dich meiner, o Gott", dann verdienen sie nicht, erhört zu werden, auch nicht, in meine Herrlichkeit einzutreten, denn sie wollen ihrem Herrn nicht ins Leiden hinein folgen und deshalb sollen sie ihm auch nicht zur Ehre folgen" (I, 39).

Es gibt eine himmlische Gerechtigkeit, und Birgitta ist ihr Werkzeug, ihr Herold. Wenn die Menschen nur etwas guten Willen hätten, würden sie ihre Lage erkennen:

,,In der Welt gibt es eine Gerechtigkeit, die die Sünder straft. Wenn also leibliche Verbrechen von irdischen Menschen um der Gerechtigkeit willen gestraft werden, wieviel gerechter ist es dann, daß die unsterbliche Seele von dem unsterblichen Gott gestraft wird? Das könnte der Mensch sehen und verstehen, wenn er nur wollte. Aber er wendet seine Augen der Welt und sein Begehren der Vergnügung zu, ja, wie die Eule der Nacht folgt, so folgt der Mensch dem flüchtigen Guten nach und haßt das bestehende Gute.

Wenn der Mensch wollte, könnte er sehen und bedenken, daß, wenn die Sterne, die Bäume und Kräuter schön sind und wenn all dies Weltliche begehrenswert ist, der Herr und Schöpfer aller dieser Dinge noch viel schöner und begehrenswerter sein muß. Wenn die zeitliche, vergängliche Ehre erstrebt und so warm geliebt wird, wieviel mehr müßte dann doch die ewige Ehre erstrebt werden?

Von den erschaffenen Dingen her kann ein jeder, der es will, in seinem Gewissen verstehen und folgern, daß *Einer* Gott und Schöpfer von allem ist. Denn, wenn es keinen Schöpfer gäbe, würde alles in ungeordnete Bahnen geraten; nun aber ist tatsächlich nichts ungeordnet – außer dem, was der Mensch in Unordnung bringt –, obwohl es den Menschen so vorkommt, die den Lauf der Planeten und Zeiten nicht kennen und für die Gottes Gerichte aufgrund ihrer Sünden verborgen erscheinen.

Wenn also *Einer* Gott und der Allerbeste ist (alles Gute geht ja von ihm aus), weshalb ehrt ihn der Mensch dann nicht über alles?" (VI, 45)

Der Mensch kann sich von Gott abwenden. Er hat diese furchtbare Freiheit, die Freiheit des Willens, die Welt statt Gott zu wählen. Gott zwingt sich niemandem gegen seinen Willen auf.

In einer ihrer vielen Visionen über die Verstorbenen vor dem Gericht darf Birgitta folgendem Gespräch zuhören:

„Dann sprach der Herr zur Seele und sagte: ‚Du fragtest während deines Lebens oft, warum ich, Gott, leiblich starb. Aber nun frage ich dich, warum du, elende Seele, gestorben bist?' Sie antwortete: ‚Weil ich dich nicht liebte.' Und der Herr antwortete der Seele: ‚Du warst für mich das, was einer Mutter ihr totgeborenes Kind ist. Sie leidet ja nicht weniger Schmerzen für ein solches Kind als für eines, das lebendig aus ihrem Schoß hervorkommt. Siehe, ich habe dich mit ebenso hohem Preis und ebenso bitterer Pein erlöst wie irgendeinen meiner Heiligen, aber du kümmertest dich nicht viel darum. Wie das totgeborene Kind keinerlei Süße aus der Mutterbrust, keinen Trost aus ihren Worten oder keine Wärme an ihrem Leib empfängt, so empfandest du niemals die unaussprechliche Süße meiner Auserwählten, denn deine eigene Süße genügte dir. Nun wirst du nie wieder meine Worte zu deiner Erquickung hören; denn die Worte deines eigenen Mundes und der Welt gefielen dir und die Worte meines Mundes waren dir bitter. Du wirst niemals meine Liebe und Güte erfahren, denn du warst allem Guten gegenüber kalt wie Eis. Geh deshalb an den Ort, wohin die Totgeburten geworfen zu werden pflegen. Dort wirst du ewiglich in deinem Tod bleiben, da du nicht in meinem Licht und Leben leben wolltest" (VI, 28).

Birgittas Stimme stellt die Menschen vor die Wahl zwischen ewigem Leben und ewigem Tod. Sie ist die Stimme der warnenden Prophetin.

Magister Matthias, Birgittas gelehrter Beichtvater, erhielt den Auftrag, ihre Offenbarungen den Männern des Geistes, vor allem dem Erzbischof in Uppsala, zu überbringen, damit sie über ihren Gehalt an Echtheit und Wahrheit entscheiden sollten. Für diese erste Sammlung von Offenbarungen schrieb er einen Prolog, der zu beweisen suchte, daß Birgittas Berufung von Gott sein müsse. Magister Matthias spricht von der persönlichen Frömmigkeit seines Beichtkindes, das er gut kenne, von ihrer Lebensweise in der Nachfolge Christi, ihrer Sanftmut und Demut. Ihre vielen Worte und Wunder verkündigen nicht einen neuen Christus, sondern denselben Christus, der für uns gelitten hat. Birgittas Botschaft ist ein Werk aus dem Geist der Wahrheit. Auch den Kindern dieses Zeitalters will Christus seine Barmherzigkeit und überfließende Gnade erzeigen, obwohl das Elend der Sünde jetzt tiefer denn je zuvor ist. Die Männer im Reiche Schweden, besonders Hofleute und Ritter, sündigen gegen Gott durch eine so verabscheuungswürdige Hoffart und Lust, daß das nur mit Luzifers Verkehrtheit zu vergleichen ist. Wenn es nach Recht und Gerechtigkeit zuginge, müßten sie dem Gericht und ewigen Tod verfallen sein; wenn Birgitta aber über das bittere Geschick, das ihrer wartet, seufzt und klagt, sagt der Herr: ,,Solange der Mensch lebt, steht die Pforte des Himmelreiches für ihn offen. Wenn sie ihr Leben zu ändern wissen, dann werde ich auch mein Gericht zu mildern wissen.''

Immer wieder hat Birgitta auf das Ansuchen von Menschen, die ihren Rat und ihre Hilfe wünschten, ihre Freistatt in Alvastra verlassen. Manchesmal aber hat sie aus sich selbst heraus, von innerer Berufung getrieben, die weltlich und geistlich Großen aufgesucht, die gefährlich am Rande des Abgrundes lebten, der ewige Verdammnis heißt.

Der junge König gehört zu denen, mit denen Birgitta sich in ihren Gedanken beschäftigt, und wenn sie für ihn betet, erfährt sie, daß er sich die Werke und Beispiele der Heiligen und die Taten tapferer Männer vorlesen lassen sollte, um den Sinn für Gott zu erwecken und ehrbare Zerstreuung zu finden, wenn er sich von den Regierungsgeschäften erholen muß (VIII, 5). Christus ermahnt den König durch Birgitta, den hergebrachten Gesetzen zu folgen, keine grausamen Vögte und Steuereintreiber über das Volk herrschen zu lassen und es nicht mit neuen Steuern und anderen Auflagen zu beschweren. Alte Bräuche und Sitten, die dem Liebesgebot Christi widerstreiten, sollen abgeschafft werden: so die Unsitte, daß ,,gestrandetes Gut den Küstenbewohnern gehört", daß Schiffe, die Schiffbruch erleiden, an den Küsten des Reiches des Gutes beraubt werden, das an Land treibt. ,,O welche unmenschlichliche Grausamkeit ist es doch, die Betrübnis der in Not Geratenen zu vermehren! Ist es nicht traurig genug für die Heimgesuchten, das Schiff zu verlieren? Sollen sie außerdem der übrigen Habseligkeiten beraubt werden?'' (VIII, 6)

König Magnus hat demütig Birgitta um Rat gefragt, wie er gerecht und klug in der Regierung des Reiches verfahren solle, und Christus, der König aller Könige, gibt ihm Rat, wie er mit Behutsamkeit und Liebe herrschen soll. Vor allem ist es wichtig, daß er alle falschen, ehrgeizigen und gewinnsüchtigen Ratgeber entläßt, die mehr an ihr eigenes Bestes denken als an Gottes Liebe und an das, was die Notleidenden an Hilfe und Mitleid bedürfen. Jeder zehnte Pfennig, der in der königlichen Schatzkammer einkommt, sollte als Almosen an die Armen verteilt werden; will der König aus Liebe zu Gott etwas darüber hinaus geben, wird es ihm als Verdienst angerechnet werden. Jeden Freitag soll er sich die Klagen seiner Untertanen anhören und erforschen, ob seine Beamten ihre Aufgaben recht verwaltet haben.

Der König erhält auch Rat, wie er seine täglichen Andachten gestalten soll; sie müssen ihre angemessene Zeit haben, dürfen aber die Zeit nicht beeinträchtigen, die zur Rechtsprechung und zur Regierung des Reiches erforderlich ist. Auch soll der König Fasten, unkluges Wachen oder allzu lange persönliche Gebete nicht nachteilig auf seine Fähigkeit, die Regierung des Reiches zu führen, einwirken lassen.

Zwei größere Angelegenheiten werden gewichtig dem König ans Herz gelegt: ein Kloster nach der Regel, die Birgitta als Diktat von Christus empfangen hat, zu gründen und einen Kreuzzug in heidnische Länder zu unternehmen (VIII, 2).

Birgittas Einfluß auf König Magnus' Art und Weise, die Regierung des Reiches zu führen, hat natürlich unter seinen Ratgebern böses Blut geweckt, vor allem unter denen, die sich von ihrer Kritik getroffen fühlten. Einer von ihnen war Knut Folkesson, der das Vertrauen des Königs durch Birgittas Eingreifen verlor. Eines Tages, als Birgitta eine schmale Straße in der Stadt entlangging, glückte es ihm, von einem Fenster aus einen Eimer Wasser über sie zu schütten. Birgitta aber sagte zu den Anwesenden: ,,Möchte Gott ihn schonen und es ihm in einem kommenden Leben nicht vergelten" (IV, 122).

Der Ritter Nikolaus Ingevaldsson wagte es nicht selbst, Birgitta zu schmähen; er stiftete aber einen anderen an, den Betrunkenen zu spielen, um ihr so Schmähworte zu sagen, wenn sie mit den anderen Großen zu Tische saß. ,,Meine Frau, du träumst zuviel und wachst zuviel. Es wäre nützlich für dich, mehr zu trinken und zu schlafen. Sollte Gott die Ordensleute verlassen haben, um mit vornehmen Weltmenschen zu sprechen? Es ist dumm, deinen Worten Glauben zu schenken!" Als andere Tischgäste ihn für seine Frechheit strafen wollten, hinderte sie Birgitta daran und sagte:

„Laßt ihn sprechen, denn Gott hat ihn gesandt. Ich, die ich mein ganzes Leben hindurch meinen eigenen Ruhm gesucht und Gott gekränkt habe, warum sollte ich nicht gerechte Worte hören? Er sagt mir ja nur die Wahrheit" (IV, 113).

Gelegentlich aber konnte Birgitta die Geduld verlieren. Christus spricht zu seiner Braut: „Du, meine neue Braut, sündigtest auf vierfache Weise in deinem Zorn. Zum ersten, weil du anläßlich der gefallenen Worte in deinem Herzen ungeduldig warst. Ich erlitt um deinetwillen die Geißel; als ich vor dem Richter stand, antwortete ich kein einziges Wort. Zum zweiten, weil du, wenn du Vorwürfe erhobst, so hart antwortetest und die Stimme allzusehr erhobst. Als ich am Kreuz festgenagelt hing, blickte ich zum Himmel auf und öffnete meinen Mund nicht. Zum dritten, weil du dadurch mich verachtet hast, um dessen willen du alles geduldig hättest ertragen sollen. Zum vierten, weil du kein gutes Beispiel deinem Nächsten gegeben hast, der verirrt war und durch deine Geduld zum Besseren hätte ermahnt werden sollen. Deshalb will ich, daß du dich nicht mehr erzürnst. Wenn du von irgend jemandem zum Zorn gereizt wirst, dann sprich nicht, bevor nicht der Zorn aus deiner Seele gewichen ist. Wenn sich die Aufgeregtheit der Seele dann gelegt hat und die Ursache der Aufregung genau überdacht worden ist, dann magst du mit Sanftmut sprechen. Wenn du aber siehst, daß du durchs Sprechen keinen Nutzen stiftest und daß du durch Schweigen nicht sündigst, dann ist Schweigen besser, weil du dann größeren Verdienst erhältst" (VI, 6).

Es ist wohl zu verstehen, daß Birgittas Offenbarungen Anlaß zu scharfem Wortwechsel geben konnten.

Die Königin Blanka erfährt von Birgitta, sie, die Königin, sei „wie ein abgenagtes Apfelgehäuse, nicht schön anzusehen, sondern bitter zu schmecken und widerwärtig herunterzuschlucken". Die Jungfrau Maria verpflanzte sie aber

„in ein entlegenes Land (Schweden), damit sie gute Frucht bringe. Gleichwie die Bäume Blätter entwickeln, so solle sie Blätter der Tugenden tragen, indem sie gern dem Worte Gottes lauschte . . . Sie solle sprechen, was Gott zur Ehre und dem Nächsten zum Nutzen gereicht, denn dann bringe sie schöne Blumen hervor. Außerdem solle sie Gott und ihren Nächsten lieben, denn dann bringe sie die erlesenste Frucht. Nun aber spricht sie gerne unanständige Worte und manches, womit sie Ehre und Gunst der Welt erwerben kann . . .‟ (VIII, 10).

Dank ihrer Stellung am Hofe konnte Birgitta König Magnus erfolgreich um Hilfe bitten, um die internationalen Aufträge, die Christus seiner Braut auferlegt hatte, zu verwirklichen.

So wurden im Sommerhalbjahr 1348 der Bischof Hemming von Åbo und der Prior Petrus Olavi mit einem Brief von König Magnus zu den Königen von England und Frankreich geschickt, in dem sie ermahnt wurden, Frieden zu schließen und den dynastischen Streit so zu lösen, wie es Birgitta in einer göttlichen Inspiration vorgeschlagen worden war. Gegen den Herbst hin setzten die beiden Boten ihre Reise fort und kamen zum Papst Klemens in Avignon, der von Birgitta aufgefordert wurde, als Friedensmakler zwischen den streitenden Königen zu dienen. Zugleich wurde ein persönlicher Appell an Klemens gerichtet, mit seiner Kurie nach Rom als dem rechten Sitz für den Stuhl Petri zurückzukehren.

Sicher haben die Erinnerungen an die Verwüstungen des beginnenden sog. Hundertjährigen Krieges auf Frankreichs Boden Birgitta veranlaßt, sich so stark in dem kriegerischen Konflikt zwischen Frankreich und England zu engagieren. Auf der Pilgerfahrt nach Santiago hat Birgitta mit eigenen Augen das Elend gesehen, das den Kriegshandlungen auf dem Fuße folgte, und sie hat Frankreich als das von der Jungfrau Maria und dem Hl. Dionysios speziell geschützte Land kennengelernt.

In einer Offenbarung hört Birgitta das folgende Gebet, das St. Dionysios an die Gottesmutter richtet: ,,Du bist die Königin der Barmherzigkeit. Dir ist alle Barmherzigkeit gegeben, und du bist Gottes Mutter geworden, damit die Elenden das Heil erlangten. Erbarm dich darum über dein und mein Frankreich! . . . Du siehst ja, wie die Seelen stündlich in Gefahr schweben, wie die Körper der Menschen wie das Wild zu Boden geworfen werden, und was schlimmer ist: wie die Seelen wie Schneeflocken zur Hölle hinabfahren. Sende ihnen deshalb Trost und bitte für sie, denn du bist die Herrscherin und Helferin aller'' (IV, 103).

Die Jungfrau Maria wendet sich dann an ihren Sohn und beschreibt die Könige Frankreichs und Englands als zwei kämpfende wilde Tiere, erfüllt vom Feuer des Zornes und der Gier. Um der Jungfrau Maria willen verspricht Christus, den Königen eine Botschaft zu senden, wie ihr Streit durch eine eheliche Verbindung gelöst werden könnte, die Frankreich dem rechtmäßigen Erben zufallen läßt. Diese Botschaft soll Birgitta mit Hilfe des schwedischen Königs ausrichten (IV, 104–105).

An Papst Klemens aber soll Birgitta selbst einen Brief verfassen gemäß den Worten Christi: ,,Schreib in meinem Namen an den Papst Klemens: Ich erhöhte dich und ließ dich über alle Stufen und Würden der Ehre aufsteigen. Steh' deshalb auf und stifte Frieden zwischen den Königen Frankreichs und Englands, die gefährliche wilde Tiere und Verderber der Seelen sind. Komm dann nach Italien und verkündige dort das Wort und ein Jahr des Heils und der göttlichen Liebe (ein Jubeljahr) und schaue die Straßen, die mit dem Blut meiner Heiligen bedeckt sind; so will ich dir den Lohn geben, der nie aufhören wird . . .'' (VI, 63).

Christus erinnert Klemens an alte Sünden und Versäumnisse und mahnt ihn zur Buße und Besserung, solange die Zeit noch da ist, die Kirche zu reformieren, in der Ehrgeiz und Gier um sich gegriffen haben. ,,Denn die Gerechtigkeit und Barmherzigkeit, von denen ich spreche, naht sich überall auf Erden", sagt Christus. Es klingt wie ein apokalyptischer Tonfall in Birgittas Verkündigung. Das Gericht ist nahe. Das Leben der Menschen welkt wie das Gras. Es sind die Jahre vor der Pest, die nachträglich die volle Gültigkeit von Birgittas Worten erweisen sollten.

Die Besserung innerhalb der Kirche Christi ist aber nicht lediglich eine Sache des Papstes. Auch König Magnus hat eine Verantwortung in seiner Eigenschaft als einer der Stellvertreter Christi auf Erden, als eines von Gott Gesalbten.

So spricht Christus zu Birgitta: ,,Deshalb soll der König (Magnus), für den du betest, geistliche Männer zusammenrufen, die in meiner Weisheit weise sind, und solche, die meinen Geist haben, damit er sie um Rat frage und nach ihrem Rat genau erforsche, wie die Mauern meiner Kirche wieder in den Christen aufgebaut werden können, so daß Gott Ehre erwiesen wird, der rechte Glaube blüht und die göttliche Liebe entzündet und mein Leiden in die Herzen der Menschen eingeprägt werde. Er soll auch erforschen, wie die Liebe in meinem Haus in ihrer ursprünglichen Gestalt wiederhergestellt werden könnte, so daß übermütige Priester und Mönche die Demut auf sich nehmen, die Nichtenthaltsamen die Keuschheit lieben und die Gewinnsüchtigen und Weltlichen von ihrer großen weltlichen Begierde ablassen, so daß sie den anderen wie Lichter leuchten . . ." (VI, 26).

Birgitta hat von seiten der schwedischen Priesterschaft kaum ernsthaften Widerstand erfahren. Mit ihrer reinen Absicht, ihrem demütigen Wesen und ihrer persönlichen Ausstrahlung hat sie der Kritik, die von einzelnen Prälaten her gegen ihr Auftreten gerichtet werden konnte, sehr bald den Stachel abgebrochen. Von solchen Auseinandersetzungen und Umkehrungen wird in den Offenbarungen hier und da berichtet. Vor allem aber finden sich viele Zeugnisse, die Birgittas Fähigkeit hervorheben, das Vertrauen der einzelnen Priester und Mönche zu gewinnen, sie hilfreich zu unterstützen, wenn sie in Schwierigkeiten geraten sind, sie auch in geistlicher Hinsicht anzuleiten, ihnen die Geheimnisse ihrer Herzen zu entlocken und sie zum Sakrament der Beichte zu führen. Nicht selten mischt sich in diesen Berichten das Physische und das Geistliche auf eine für die mittelalterliche Denkart charakteristische Weise, und es scheint so, als habe Birgitta einen besonderen Scharfblick auch für die leiblichen Schwächen ihrer Mitmenschen und vielleicht auch eine heilende Hand gehabt.

In ein paar umfassenden Offenbarungen gibt Birgitta Anweisungen – angeleitet von Christus und der Jungfrau Maria – wie ein frommer Bischof bis ins einzelne des täglichen Lebens hinein seine Lebensweise einrichten soll (III, 1–3; IV, 126), und es ist wahrscheinlich, daß diese Lebensregeln auf Bitten eines Bischofs, der zu Birgittas Proselyten gehörte, aufgezeichnet worden sind.

Es gab aber andere Prälaten, die, ohne daß sie danach gefragt hatten, von Birgittas Offenbarungen getroffen wurden. So der Geistliche, der mit einem stillstehenden Mühlrad verglichen wird. Das Hindernis, das die Wasserzufuhr verstopft, sind der Hochmut und der Ehrgeiz seines Sinnes. Damit aber das Wasser wieder hineinfließen, das Rad sich bewegen und das Korn gemahlen werden kann, fordert Christus ihn jetzt auf, die wahre Demut anzunehmen, „denn durch sie fließt die Süße meines Geistes in deine Seele hinein und die weltlichen Gedanken weichen" (IV, 97).

Ein Bischof, der nicht verstanden hat, auf den Rat der Gottesmutter zu hören, wird in seinem Hochmut und seiner Lieblosigkeit mit einem bunten Schmetterling mit blauen, roten und weißen Flügeln verglichen (III, 14), und ein anderer Bischof, den man als Ödgisle Birgersson in Västerås hat identifizieren wollen, einer der unsympathischsten Prälaten des 14. Jahrhunderts in Schweden, wird eine Bremse genannt (III, 15). ,,Er fliegt mit lautem Geräusch, denn statt fromme Predigten zu halten, fließt er von wortreicher Beredsamkeit über . . . Ferner sticht die Bremse abscheulich, und in ähnlicher Weise sticht dieser Bischof zum Verderben der Seele. Denn obwohl er ein Arzt der Seelen ist, weist er die, die zu ihm kommen, nicht auf ihre Gefahr und Krankheit hin und verwendet nicht das Amputationsmesser, sondern spricht angenehme Worte zu ihnen, um mild genannt zu werden und von niemandem gemieden zu werden.''

Auf Birgittas Rat wurde ein Priester von seinem Amt als Vogt und Steuererheber abgesetzt. Auf seine erregten Proteste antwortete Birgitta ruhig: ,,Was der König getan hat, dazu habe ich ihm geraten, um eures Seelenheils und eurer Ehre willen. Ein Priester ist ja Gott zu eigen und kann ein solches Amt nicht ohne Gefahr für seine Seele innehaben.'' — ,,Was habt ihr mit meiner Seele zu tun? Laßt mich meinen Weg in dieser Welt gehen, so wie ich es kann. In der zukünftigen wird meine Seele sich wohl zu verantworten wissen.'' Birgitta aber warnte ihn vor Gottes Gericht, und kurz danach starb er eines gewaltsamen Todes, ohne sich gebessert zu haben. Als eine Kirchenglocke gegossen werden sollte, floß das siedende Erz aus der Gußform und verletzte ihn tödlich.

So verfiel er dem Gericht, das von Christus vorausgesagt war, als Birgitta einmal für die Seele des sündigen Priesters betete. ,,In seinem Herzen fressen unnütze Gedanken, so daß er mir (Christus) keinen Gedanken widmen kann. Deshalb wird er sich nie meinem Altar nähern. Was aber ist mein Altar, wenn nicht der himmlische Tisch und die Ehre im Himmel, deren die Engel und Heiligen sich freuen? Dies wird durch den Steinaltar in der Kirche bezeichnet, wo mein gekreuzigter Leib täglich geopfert wird, wie auch das Opfer des Alten Bundes das vorstellte, was nun in der Kirche vor sich geht. Was bedeutet der himmlische Tisch, wenn nicht den Jubel und die Freude der Engel? Diese Freude wird er nie in der ewigen Ehre erfahren. Vor diesem meinem Altar wird er nie stehen und wird mein Angesicht nicht zu sehen bekommen – meine Kinder aber, die sollen mein Angesicht schauen" (VI, 9).

Birgittas Gedanken, Gebete und Offenbarungen beschäftigen sich ebenso sehr mit einer zukünftigen Welt und dem Schicksal der Seelen nach dem Verlassen ihrer irdischen Hülle wie auch mit den Sorgen der zeitlichen Welt, in der sie selbst sich bewegte. Die Mutter Gottes, die große Fürbitterin der Menschheit, ist es, die Birgitta einen Einblick in das Gericht über die Seelen der Toten gewährt und sie ihre Qualen im Fegefeuer und die ungeheuerliche Pein der Hölle sehen läßt. Durch Birgitta können die Hinterbliebenen erfahren, wie sie das wieder in Ordnung bringen können, was die Verstorbenen gefehlt haben, wie deren Schuld gesühnt und deren Qual durch Liebestaten, die in ihrem Namen getan werden, gelindert werden kann.

Ein Statthalter und Richter, der nicht so gelebt hatte, wie er sollte, erscheint Birgitta nach seinem Tode und fordert durch sie seine Freunde und Hinterbliebenen auf, sich um sein Heil zu kümmern. Die Jungfrau Maria zeigt, wie das geschehen kann: die Verwandten, die seinen Besitz geerbt haben, sollen seine Schulden bezahlen und Opfergaben an Klöster, Kirchen und Heiligengräber im Reich schenken. Um sein ausschweifendes Leben zu sühnen, soll einer unbemittelten Frau zur Ehe, einer anderen zum Klosterleben und einer armen Witwe zu einem anständigen Unterhalt verholfen werden. Da er selbst geschwelgt hat, sollen drei Arme ein ganzes Jahr lang völlig freie Verpflegung derselben guten Art, wie sie am Tisch des reichen Mannes üblich war, und außerdem Bekleidung und Bettzeug erhalten. Der Hochmut des Verstorbenen kann gesühnt werden, wenn jemand während eines ganzen Jahres einmal in der Woche sieben Arme sammelt, demütig ihre Füße wäscht, sie erquickt, so gut er es kann, und sie demütig bittet, für die Seele des Toten zu beten. Außerdem werden eine Anzahl Messen, Seelenmessen und Liebestaten empfohlen (VI, 10).

Aus einer späteren Offenbarung geht hervor, daß die Hinterbliebenen kaum irgendein Interesse zeigten, den gegebenen Ratschlägen zu folgen. Da aber wendet sich die Jungfrau Maria an ihren Sohn und bittet um Barmherzigkeit: laß nicht die Härte und Hoffart der Hinterbliebenen die Ursache dafür sein, daß die Seele des Verstorbenen weint und ohne Barmherzigkeit gepeinigt wird. Und Christus entspricht dem Wunsch seiner Mutter. Die Seele soll im Fegefeuer nur geringere Plagen erfahren und von heiligen Engeln getröstet werden. Noch aber ist die Seele nicht ganz erlöst, denn „keiner kann zur Glückseligkeit eingehen, der nicht wie Gold im Feuer gereinigt worden ist" (VI, 21).

Aber nicht alle erhalten die Möglichkeit, im Fegefeuer als Weg zur Glückseligkeit gereinigt zu werden. Es gibt auch entsetzliche Strafen und ewige Verdammnis für die unbußfertigen Sünder. Der Mensch hat seine freie Wahl, und hier auf Erden entscheidet sich sein Schicksal in der zukünftigen Welt. Gott ist gerecht, und der Mensch wird nach seinen Werken gerichtet. Die einzelne Menschenseele vor dem Richter ist ein Motiv, das in Birgittas Offenbarungen immer wieder vorkommt. Als Tochter und als Witwe eines Gerichtsherrn bezeugt sie, wie Gott seine Gerechtigkeit übt. Der Teufel, der nach der Menschenseele trachtet, fungiert als Ankläger, und der Schutzengel des Menschen als Verteidiger. Im Hintergrund ist dann noch die Jungfrau Maria da, die immer bereit ist, zur Verteidigung der Sünder einzugreifen. Alle aber respektieren Gottes Gerechtigkeit und Allmacht.

Birgittas Visionen haben oft eine erschreckende physische Greifbarkeit. Es liegt ein Gestank von verrottetem Blut und Exkrementen um diese Höllenvisionen; keine mittelalterliche Folterkammer hat stärker den Anblick entsetzlich verstümmelter und verkrüppelter Menschenleiber aufweisen können als die, die Birgitta mit dem breitesten Pinsel der Sprache schildert. Es erscheint fast unfaßbar, wie diese fromme, demütige und sanftmütige Person eine solche Phantasie und frenetische Kraft aufbieten konnte, um das Scheußliche und widerwärtig Abstruse zu schildern. Wenn aber Haß in der Schilderung liegt, dann gilt der Haß der Sünde, denn jede körperliche Mißbildung und Verzerrung, die Birgitta beschreibt, ist ein Bild für geistliche Unreinheit und Sünde.

Man wird oft an das Gleichnis von dem Holzstück erinnert als Bild für Gottes Wort und an die Farben, die seine Freunde und Ausleger hinzufügen müssen, um der Form kräftigere Konturen und Wirkungen zu verleihen. Schon Birgitta malt mit grellen Farben, mit einer Sprache, die ebenso expressiv in der Schilderung des Entsetzlichen ist wie nur je ein Gemälde von Hieronymus Boschs oder Goyas Pinsel. Die bunte Tracht der Offenbarungen ist aber sicher der Umwelt Birgittas angepaßt gewesen; für uns Kinder später Zeiten steht sie als ein Zeugnis für eine literarische Gestaltungskraft ungewöhnlichen Ausmaßes da.

In einer Gerichtsszene sieht Birgitta, wie der Teufel als Ankläger und die Seele, die gerichtet werden soll, das gleiche erschreckende Äußere haben: ,,einander gleich bis auf alle Glieder. Ihr Mund war offen wie der von Wölfen, ihre Augen loderten wie Glas, das im Inneren brennt, die Ohren hingen herab wie die von Hunden, die Bäuche waren dick und aufgeschwollen, die Hände wie die Klauen von Greifvögeln, die Beine ohne Gelenke, die Füße wie verstümmelt und mitten durchgeschnitten . . .''

Auf die Frage des Richters, mit welchem Recht der Teufel die Seele dieses Ritters fordere, kommt der Teufel mit einer Gegenfrage: „Welchem Geschlecht gehört diese Seele wohl an: gleicht sie den Engeln oder den Teufeln?" Auf die Aufforderung des Richters hin berichtet der Teufel über alle Sünden, die das Äußere der Seele geprägt hatten: Blindheit und Taubheit der Liebe Gottes gegenüber, Gier und Lust, Herzenskälte und Ungehorsam gegen Gottes Gebote.

Der Engel als Verteidiger gibt schon von Anfang an die Schlacht verloren. Zwar hatte der Ritter zu seinen Lebzeiten in ehelicher Treue gelebt, aber aus Liebe zum Leib seiner Frau, und hatte an Messen und Gottesdiensten teilgenommen, aber nicht aus Frömmigkeit, sondern weil er nach Ehrenbezeugungen und weltlichen Erfolgen trachtete. Die Seele ist leer von allem Guten und entscheidet sich auf die Frage des Richters dafür, für immer mit dem Teufel als seinesgleichen und Gefährten vereinigt zu werden. Der Teufel freut sich so sehr über seinen Raub, daß er in die Hände klatscht: „Wenn diese Seele brennt, dann brenne ich selbst um so stärker und heftiger; wenn ich sie anzünde, werde ich selbst um so mehr angezündet. Daß du sie aber mit deinem Blut erlöst und sie so sehr geliebt hast, daß du, Gott, dich selbst für sie dahingegeben hast, und daß ich sie trotzdem fangen konnte – darüber freue ich mich."

Der Richter antwortete: „Deine Bosheit ist groß. Aber sieh um dich! Ich erlaube dir zu sehen." Und siehe, der schönste Stern stieg zur Höhe des Himmels auf, und als der Teufel ihn zu sehen bekam, wurde er still.

(Es war die Seele des frommen Bruders Algot, die zum Himmel aufstieg. Bruder Algot war Prior im Dominikanerkloster in Skara gewesen.)

Da fragte der Herr: „Wem gleicht dieser Stern?", und der Teufel antwortete: „Er strahlt stärker als die Sonne, so wie ich schwärzer bin als der Rauch. Er ist von aller Lieblichkeit und göttlicher Liebe erfüllt, während ich voll von Bosheit und Bitterkeit bin."

Der Herr sagte: „Wie nimmst du das auf und was würdest du dafür geben, wenn er in deine Gewalt käme?"

Da gerät der Teufel in große Erregung und antwortet: „Alle Seelen, die von Adams Zeiten bis heute zur Hölle gekommen sind, wollte ich gerne geben, um diese zu bekommen, und ich wollte außerdem eine so grausame Qual erleiden, daß, wenn die Spitzen unzähliger Schwerter auf einem Pfeiler so dicht befestigt wären, daß nicht einmal der Abstand einer Nadel zwischen Spitze und Spitze wäre, ich gerne über diese Schwertspitzen von der Höhe des Himmels bis herab zur Hölle wandern wollte, wenn nur dieser Stern in meine Gewalt kommen könnte."

Der Herr aber weist den Teufel um seiner Bosheit und seines Neides willen zurecht, ihn, der keiner einzigen Seele gönnt, in den Himmel zu kommen. Birgitta hat diese Offenbarung sehen dürfen, damit die Menschen verstehen möchten, „wie streng ich, Gott, gegen die Bösen und wie mild ich gegen die Guten bin" (VI, 31).

Zuweilen können solche Offenbarungen an noch lebende Personen, die in einer gefährlichen Situation leben, gerichtet sein. Die Schilderung des jenseitigen Schreckens kann zu einer Umkehr führen.

In der Einleitung zu einer Offenbarung fragt die Jungfrau Maria Birgitta: „Was sagen die stolzen Frauen in deinem Reich?"

Birgitta antwortet: „Ich bin eine von ihnen und scheue mich darum, in deiner Gegenwart zu sprechen."

Auf Marias erneute Aufforderung aber bekennt Birgitta: „Wenn uns wahre Demut gepredigt wurde, dann sagten wir, unsere Vorväter hätten uns ausgedehnte Besitztümer und schöne Sitten als Erbe hinterlassen. Weshalb sollten wir da ihnen nicht nacheifern? Unsere Mutter saß unter den Vornehmsten und war vornehm gekleidet. Sie hatte viele Diener und gab uns eine standesgemäße Erziehung. Weshalb sollte ich meiner Tochter nicht dasselbe zum Erbe geben, ich, die lernen durfte, nämlich vornehm aufzutreten, mit leiblicher Freude zu leben und mit großer weltlicher Ehre zu sterben?''

Die Jungfrau Maria aber antwortet: ,,Jede Frau, die nach diesen Worten handelt, geht den geraden Weg zur Hölle . . . Da ich aber die Mutter der Erbarmung bin, will ich dir den Lohn der Sünde zeigen, auf daß Gottes Freunde in ihrer Liebe zu Gott eifriger werden und die Sünder, wenn sie die Gefahr sehen, wenigstens aus Furcht die Sünde fliehen . . .''

Birgitta bekommt nun drei Generationen derselben Familie zu sehen: Mutter, Tochter und Enkelin. Die Großmutter befindet sich in der Hölle, die Tochter ist noch am Leben, die Enkelin aber weilt im Fegefeuer.

Die Großmutter kroch aus einem dunklen und schmutzigen Pfuhl hervor, ihre Lippen waren abgeschnitten, die Nase zernarbt, die ausgerissenen Augen hingen an zwei Fäden auf die Backen herab, die Stirn erschien eingefallen, das Hirn floß wie Teer heraus . . . die Brust offen, voll von langen dünnen Würmern, die sich umeinanderschlangen . . .

Die tote Mutter sprach zu ihrer lebenden Tochter: ,,Hör zu, meine Tochter, du giftige Eidechse! Wehe mir, daß ich jemals deine Mutter wurde! . . . Sooft du deine Augen in Hoffart erhebst, wie ich es dich gelehrt habe, wirfst du siedendes Gift in meine Augen mit unerträglicher Hitze. Sooft du die Worte der Hoffart sprichst, die ich dich gelehrt habe, schlucke ich den bittersten Trank . . . Weshalb, meine Tochter, bist du stolz über dein Geschlecht? Ist es etwa ehrenvoll für dich, daß der Dreck meiner Eingeweide dein Kissen war? Mein schändliches Glied bildete deinen Ausgang und die

Unreinheit meines Blutes dein Gewand, als du geboren wurdest. Deshalb ist nun mein Schoß, in dem du ruhtest, gänzlich von Würmern zerfressen."

So erklärt die tote Mutter der Birgitta, was ihr entstelltes Äußere bedeutet: ihre Hoffart, ihre fleischlichen Begierden, ihre Eitelkeit und Gottvergessenheit.

Darauf spricht die tote Enkelin der Großmutter zu ihrer noch lebenden Mutter: ,,Hör zu, meine Mutter, du Skorpion! Wehe mir, daß du mich so betrogst! Du zeigtest mir ein mildes Gesicht, während du mir grausam ins Herz stachst. Du gabst mir nämlich drei Ratschläge . . . fleischliche Liebe zu pflegen, um fleischliche Freundschaft zu gewinnen, mit zeitlichen Dingen um weltlicher Ehre willen verschwenderisch umzugehen und mir um körperlichen Vergnügens willen Ruhe zu gönnen.

. . . O, Mutter, ich lernte von dir, den Diener mit der Bekleidung des Hausherrn zu versehen, ihn an die Stelle des Hausherrn zu setzen und ihn statt seiner zu ehren, während ich das, was der Diener übrig ließ, und anderes Schlechte dem Hausherrn gab. Der Hausherr, von dem ich spreche, ist die Liebe zu Gott; der Diener ist der Wille zu sündigen. In meinem Herzen, in dem die göttliche Liebe hätte herrschen sollen, setzte ich den Diener, d. h. die Begierde und Lust zu sündigen, obenan. Ich kleidete ihn, wenn ich alles Erschaffene und Zeitliche zu meiner Wollust gebrauchte. Was übrig blieb, die Schale und den verächtlichen Abfall, gab ich dagegen Gott, doch nicht aus Liebe, sondern aus Furcht."

Durch Beichte und Umkehr beim Herannahen des Todes kam diese Enkelin auf den Weg der Erbarmung und nicht in die ewige Verdammnis wie die Großmutter. Sie ist im Feuer der Reinigung, und Gebete und Liebestaten auf Erden können ihre Qualen lindern und sie näher zu Gott hinführen.

Am Schluß der Offenbarung erfährt Birgitta durch die Jungfrau Maria, daß ihr erlaubt worden ist, einige Qualen der

Hölle und des Fegefeuers kennenzulernen, den Bösen zur Warnung und den Guten zum Trost und zur Vervollkommnung (VI, 52).

In einem Anhang wird mitgeteilt, daß die Frau, die Tochter, bzw. Mutter der beiden Unglücklichen war, die von der Offenbarung in der jenseitigen Welt geschildert waren, selbst in ein Kloster eintrat, wo sie den Rest ihres Lebens in großer Vollkommenheit verbrachte.

Die Regel für den Orden des Allerheiligsten Erlösers

Das Kloster in Vadstena

Im Vorspruch zur Ordensregel des Erlösers sagt Christus zu Birgitta: „Ich war wie ein König, der gute Weingärten pflanzte und eine zeitlang gute Früchte aus ihnen erntete. Diese Weingärten waren die Klosterordnungen und die Einrichtungen der heiligen Väter, die die Dürstenden erquickten, den Frierenden Wärme gaben, die Aufgeblasenen demütigten und den Blinden Licht gaben. Aber nun klage ich darüber, daß die Umzäunung der Weingärten zerbrochen ist, daß die Wächter schlafen und die Diebe eindringen, daß die Wurzeln von Maulwürfen aufgegraben werden, daß die Weinreben vor Dürre verwelkt, die Trauben vom Winde abgerissen und von den Füßen zertreten worden sind. Damit aber der Wein nicht völlig verschwindet, will ich einen neuen Weingarten pflanzen; dorthin sollst du die Weinreben meiner Worte tragen . . .''

Eine der frühesten und umfassendsten Offenbarungen Birgittas gilt der Gründung eines Klosters, in dem das Leben nach einer neuen Regel, die Christus selbst diktiert, gelebt werden soll.

Der erste Abschnitt der neuen Regel lautet folgendermaßen: ,,Diesen Orden will ich zur Ehre meiner hochgeliebten Mutter stiften, und zwar vor allem für Frauen. Ich will nun mit eigenem Mund seine Einrichtung und seine Ordnungen vollständig angeben.''

In den dreißig folgenden Abschnitten wird das Leben in dem neuen Kloster, seine Organisation, der Hergang bei der Aufnahme von Brüdern und Schwestern und auch die Art und Weise beschrieben, wie Birgitta die Klosterregel empfangen hat und wie sie vom Papst bestätigt werden soll.

Die Grundlage des Klosterlebens bilden die für alles christliche Ordensleben üblichen Forderungen: wahre Demut, reine Keuschheit und freiwillige Armut.

Im Kloster sollen sich nicht mehr als sechzig Schwestern befinden, und keine Schwester soll vor ihrem 18. Lebensjahr in den Orden aufgenommen werden. Wenn die Schwestern nicht durch Gottesdienst oder durch Lesen in Anspruch genommen sind, sollen sie ihre ganze übrige Zeit dazu verwenden, mit ihren Händen zur Ehre Gottes und zum Nutzen der Kirchen und der armen Menschen zu arbeiten. Denn so lebten auch die heiligen Apostel und wurden durch körperliche Arbeit geschickter zu geistlicher Arbeit (Kap. 23).

Dreizehn Priester sollen im Kloster sein, um täglich die Messe und das Offizium des Kirchenjahres zu singen. Sie sollen um einen eigenen Hof herum ganz von den Schwestern getrennt wohnen und wie die Schwestern in Klausur leben. Die Zahl der Priester entspricht der der Apostel; darüber hinaus sollen vier Diakone – vier wie die Kirchenväter – und acht männliche Laien zur Hilfe in den täglichen Verrichtungen der Priester vorhanden sein. Die Klosterbewohner entsprechen also zahlenmäßig den dreizehn Aposteln und den zweiundsiebzig Jüngern.

Die Äbtissin, die nach Beratung mit dem Bischof vom Konvent gewählt wird, soll Haupt und Herrscherin des Klosters sein, ,,denn die Heilige Jungfrau, deren Stellvertreterin sie hier auf Erden ist, war nach meiner (Christi) Himmelfahrt Haupt und Königin meiner Apostel und Jünger.'' Die Äbtissin soll einen Konfessor neben sich haben, den sie unter den dreizehn Priestern im Einverständnis mit allen wählt.

Die Aufgaben des Priesters bestehen ausschließlich in Gottesdienst, Studium und Gebet. Jeden Sonntag sollen sie den Evangelientext des Tages in der Muttersprache auslegen und an allen höheren Feiertagen predigen.

Die Vorschriften der Regel behandeln Beichte und Kommunion, die Gebete und Gesänge des Stundengebetes, das Schweigen im Kloster wie auch Fasten und Kasteien, das mit Klugheit, Geduld und Maß zur Anwendung gebracht werden soll.

Alles andere, was zwar notwendig ist, aber in den Abschnitten der Regel nicht genannt wird, soll zur Stärkung und Vervollkommnung dieser neuen Regel aus den Regeln des Hl. Benedikt oder des Hl. Bernhard genommen werden (Kap. 26).

Auch die Gestaltung der Ordenstracht selbst stimmt mit dem Brauch in bestimmten Klöstern des Hl. Bernhard zur Zeit Birgittas überein. Die schöne Krone der Birgittinerinnen aus weißer Leinwand mit fünf roten Rundpunkten zur Erinnerung an die fünf Wunden Christi trug man schon in zisterziensischen Frauenklöstern in Niedersachsen und Westfalen am Ende des 13. Jahrhunderts und noch zu der Zeit, als Birgitta ihre Reise nach Santiago de Compostela antrat.

Im elften Abschnitt der Regel wird ausführlich beschrieben, wie der Bischof die Weihe der Nonnen vollziehen soll. Wenn der Bischof der neuen Klosterschwester den goldenen Ring – der die Darstellung einer Kalvariengruppe trägt – an die rechte Hand streift, soll er sagen: ,,Ich weihe dich zur Braut Gottes und zu seinem ewigen Eigentum. Im Namen des Vaters und des Sohnes und des Heiligen Geistes.'' Wenn die Kutte aus grauem Loden über ihre Schultern gelegt wird, betet er folgendes Gebet: ,,Möge der Herr Jesus Christus, Hoffnung aller Christen, deinem Sinn Hoffnung und Trost verleihen: eine solche Hoffnung auf Gottes Barmherzigkeit, daß du seine Gerechtigkeit nicht vergißt, und eine solche Furcht vor Gottes Strenge, daß du seine Milde und Güte nicht vergißt.'' Wenn der graue Lodenmantel mit einem Holzknopf geschlossen wird, sagt der Bischof: ,,Unser Herr Jesus Christus, der uns mit einer so übermäßig großen Liebe geliebt hat, daß er um ihretwillen ans Kreuzesholz geschlagen und zum bittersten Tod verurteilt wurde, möge deine Seele durchbohren mit der Erinnerung seines Leidens, so daß deine Liebe für Gott allein brennen möge. Möge das Feuer seiner Liebe dich umschließen und möge er dir Ruhe auf seinem gesegneten Arm bescheren, auf dem alle Heiligen ruhen. Im Namen des Vaters, des Sohnes und des Heiligen Geistes.''

Als Christus Birgitta die Ordensregel diktierte, gab er auch den Platz an, wo ein Kloster gebaut und das neue Ordensleben begonnen werden sollte: Vadstena (Kap. 30). Nach einer zwar unbestätigten, jedoch mittelalterlichen Tradition soll Birgitta die eigentliche Offenbarung der Ordensregel des Allerheiligsten Erlösers auf dem Schloß zu Vadstena empfangen haben.

Nach der ersten großen Offenbarung der Ordensregel hat Birgitta mehrere kleinere, ergänzende Offenbarungen empfangen, die sich auf das geistliche und praktische Leben in der neuen Klosterstiftung und sogar auf die Gestaltung der Klostergebäude bezogen. In diesen neuen Vorschriften leuchtet immer deutlicher das bernhardische, zisterziensische Ideal auf: Liebe zur Gottesmutter und asketische Strenge, die sowohl das Klosterleben als auch seinen äußeren Rahmen prägen sollen. Diese Offenbarungen gehören zu den sog. ,,extravagantes``, die über die acht Bücher der Offenbarungen hinaus hinzugefügt sind. Es handelt sich dabei um 46 Offenbarungen.

,,Weil meine Mutter sowohl Jungfrau als auch Mutter war``, sagt Christus, ,,deshalb soll dieser neue Orden meiner Mutter geweiht sein.`` Die Äbtissin soll bedenken, daß keiner demütiger als die Mutter Gottes war: ,,Was ist es, das die vollkommene Demut nicht verdient? . . . Ohne Demut gibt es keinen Weg zum Himmel`` (Extrav. 21).

Die Brüder sollen in ihren Predigten einfache und wenige Worte verwenden, die sich auf das Lesen der heiligen Schriften gründen – keine wortreichen und weitschweifigen Vorträge, keine gekünstelten Ausdrucksweisen, sondern alles soll dem Fassungsvermögen der Zuhörer angepaßt sein.`` ,,Meine hochgeliebte Mutter``, sagt Christus, ,,war ja einfach und einfältig, Petrus hatte wenig Kenntnisse und Franziskus war ein Bauer – und doch nützten sie den Seelen mehr als redegewandte Meister, da sie vollkommene Liebe zu den Seelen hatten`` (Extrav. 23).

Orgelspiel darf im Kloster der Gottesmutter nicht vorkommen, obwohl es lieblich ist und gut anzuhören und nicht gegen gute Sitten streitet. Aber es ist eine Ablenkung, und im Kloster soll ,,in gewisser Weise die Zeit fehlen, es soll ein

Schloß und Klosterkirche Vadstena

Ruinen von Alvastra, dem ersten Zisterzienserkloser in
Skandinavien (1143)

Ernst des Gesanges da sein, eine Reinheit des Sinnes, eine Beachtung des Schweigens, eine Pflege des göttlichen Wortes . . .''. Denn das führt zu wahrer Demut und unverzüglichem Gehorsam (Extrav. 10).

Der Gesang soll dem der Karthäuser gleichen, denn deren Psalmsingweise zeugt von lieblichem Frieden, von Demut und Andacht des Sinnes. ,,Denn die Seele ist nicht frei von Schuld, wenn sie beim Singen mehr Wohlgefallen an der Musik hat als an den Dingen, die besungen werden, und es ist Gott sehr verhaßt, wenn man den Gesang mehr um der Zuhörer als um Gottes Willen anstimmt'' (Extrav. 4).

In dem Testament, das König Magnus am 1. Mai 1346 in Lödöse ausfertigte, versprach er, Vadstena mit seinen untergeordneten Höfen für ein Kloster zur Ehre Gottes und der Jungfrau Maria zu schenken. Die materielle Grundlage für Birgittas Klosterstiftung schien somit gesichert, und mehrere von den hinzugefügten Offenbarungen beschäftigen sich mit dem Problem, wie die stolze Königsburg in ein passendes Kloster verwandelt werden könnte.

Birgitta sieht, wie der Teufel der Jungfrau Maria den Rang streitig macht als Herr des Ortes, den seine Diener besessen und bebaut hatten, die dort nach seinem Willen mit Grausamkeit und ohne jegliche Barmherzigkeit ihre Untergebenen gequält hatten.

Nun aber spricht Christus der Jungfrau Maria diesen Ort zu. ,,Bisher hat man an diesem Ort die Tränen und Klagerufe der Unglücklichen gehört, und ihr Blut und Elend haben zu mir von der Erde gerufen . . . Dieser Ort ist ein Ort der Klage gewesen und eine Beschwerung für das Land, jetzt aber sollen hier diejenigen versammelt werden, die um Barmherzigkeit für Lebende und Tote bitten, und sie sollen meinen Zorn gegen dieses Reich besänftigen (Extrav. 24).

Das Haus selbst, das rote Ziegelschloß, ist wie eine Herausforderung gegen das Klosterideal, zu dem sich Birgitta bekennt.

Sie fragt: ,,O Herr, zürne nicht, wenn ich spreche! Du hast gesagt, daß in deinem Hause alle Demut herrschen soll. Ist es dann richtig, daß dieses Bauwerk an dieser Stelle stehen soll?" Der Geist antwortete: ,,Dieses Haus ist vom Schweiß der Armen und für den Hochmut der Reichen gebaut. Deshalb sollen meine Armen es bewohnen und die Dinge des Überflusses und des Hochmutes zur Demut und zum Nutzen allein gebrauchen (Extrav. 25).

Das rote Ziegelschloß soll zum Konventsgebäude für die Schwestern verwandelt werden. Südlich davon sollte aber die Klosterkirche erbaut werden, ,,von Steinen, die man aus dem Berge gehauen und in der Erde gefunden hat, nicht aus Ziegel; das sollte auch für die Gewölbe gelten." Birgitta hat den Naturstein wahrscheinlich als ein edleres Material als den gebrannten Lehm betrachtet. Vielleicht ist es die strenge Zisterzienserarchitektur in Alvastra, die aus dem schönen grau-blauen Kalkstein des Ombergs errichtet war und ihre Wahl des Materials für die neue Klosterkirche inspirierte. Die Form der Klosterkirche aber – dreischiffig mit fünf gleich großen, quadratischen Gewölben in jedem Schiff, die von elf Ellen hohen Pfeilern getragen wurden – hat ihre Vorbilder in der gotischen Architektur, die ihrer eigenen Zeit näher war und die sie im Dom zu Linköping und in anderen Kirchen auf ihrer Pilgerfahrt nach Santiago gesehen haben kann. ,,Es darf keine kunstvolle Skulptur an den Türen, Fensterrahmen, Pfeilern oder Wänden geben, sondern alles soll schlicht gearbeitet, demütig und stark sein. Die Glasfenster dürfen keine andere Farbe als weiß oder gelb haben" (Extrav. 28).

Christus spricht: ,,Malereien darf es nicht an den Kirchenwänden geben außer solchen, die mein Leiden und das Gedenken an meine Heiligen darstellen. Es geschieht nämlich oft, daß solche, die in eine Kirche kommen, sich mehr über die Darstellungen an den Wänden als über Christi Wohltaten freuen" (Extrav. 31).

In all diesen Vorschriften ist die Forderung nach asketischer Strenge in der künstlerischen Gestaltung ganz im Geist des Hl. Bernhard zu spüren.

Die hinzugefügten Offenbarungen enthalten viele Einzelanweisungen für die Planung der Klostergebäude, beziehen sich aber auch auf vorhandene Gebäude und Mauern, Baumpflanzungen und Terrainverhältnisse. Wie praktisch und fürsorglich Birgitta gesinnt war, geht aus vielen Bestimmungen hervor, und es ist deutlich, daß sie nicht nur eine allgemeine Kennntnis der Lokalverhältnisse hatte. Ein Teil ihrer Planung muß wohl an Ort und Stelle geschehen sein, nachdem sie vielleicht umhergegangen ist und vermessen hat. Als schließlich die Errichtung des Klosters aktuell wurde, konnte man deshalb den Intentionen der Ordensstifterin auch mit großer Treue folgen. Unsere heutigen kunstgeschichtlichen und archäologischen Untersuchungen haben das nachweisen können.

Birgitta sollte selbst die Verwirklichung der Klosterpläne am Vätternstrand nie erleben. Als sie die Worte Christi über den neuen Weingarten ihrem Beichtvater Petrus Olavi in ihrem Arbeitszimmer in Alvastra oder auf dem Schloß zu Vadstena diktierte, befand sie sich tatsächlich so unendlich weit weg von dem Ziel, das ihr vorschwebte, wie sie es in keiner Weise ahnen konnte. Die erste Bedingung für die Gründung des Klosters war die Anerkennung der neuen Regel durch den Papst.

Das Buch der Fragen. Der Aufbruch

Auf einem Ritt von Alvastra nach Vadstena empfing Birgitta eine ihrer umfassendsten Offenbarungen. Diese Offenbarung füllt ein ganzes Buch, das fünfte unter den acht

Birgitta empfängt eine Offenbarung auf einem Ritt vom Kloster Alvastra zum Schloß in Vadstena

Büchern der Offenbarungen, und wird das Buch der Fragen genannt. Im Vorwort wird erzählt, daß sie, als sie auf dem Wege dahinritt und ihre Gedanken im Gebet auf Gott richtete, plötzlich im Geist entrückt wurde, so daß sie beim Weiterreiten der Sinne ihres Körpers beraubt und in die Extase der inneren Betrachtung erhoben war. Als sie sich dem Schloß zu Vadstena näherten, ergriff ihr Diener den Zügel des Pferdes und begann, sie anzurühren, um sie aus dieser Entrückung zu wecken. Wieder zu sich selbst zurückgekehrt, trauerte sie sehr darüber, einer so göttlichen Tröstung beraubt worden zu sein. Die Offenbarung war aber so fest in ihre Erinnerung eingeprägt, als wäre sie auf einer Marmortafel eingemeißelt.

„Ich sah einen Thron im Himmel, auf dem der Herr Jesus Christus als Richter saß. Zu seinen Füßen saß die Jungfrau Maria und rund um den Thron war eine Heerschar von Engeln und eine unendliche Menge von Heiligen. Ein Mönch, ein sehr gelehrter Theologe, stand hoch auf einer Leiter, die fest auf den Boden gestellt war, aber bis in den Himmel hinaufreichte. Er hatte sehr ungeduldige und unruhige Gebärden, als wäre er voll von Trug und Bosheit, und stellte Fragen an den Richter."

Christus antwortet auf die Fragen des Mönchs weise und ausführlich, und die Jungfrau Maria richtet mitunter einige Worte direkt an Birgitta. Die Offenbarung enthält viele Fragen und Probleme, die Birgittas Sinn beschäftigt und vielleicht gequält haben müssen; sie gibt uns auf diese Weise das christliche Weltbild Birgittas.

Das Buch ist in sechzehn Fragen aufgeteilt, von denen jede fünf, sechs oder sieben Unterfragen und eine ausführliche Antwort enthält. Zwischen die Fragen eingefügt gibt es dreizehn Offenbarungen, in denen abwechselnd Gott Vater, Christus und die Jungfrau Maria zu Birgitta sprechen.

Die erste Frage des Mönches gilt dem Gebrauch unseres Leibes. Weshalb dürfen wir ihn nicht zu unserem eigenen Vergnügen und Wohlbehagen gebrauchen? Christus antwortet, der Mensch solle auf den Nutzen der Seele und des Leibes bedacht sein und zur Ehre Gottes leben.

In der zweiten Frage erklärt Christus weiter, wie das Zeitliche im Dienst des Ewigen stehen solle. Gerechtigkeit und Gesetz sollen mit heiliger Liebe und Erbarmung ausgeübt werden, so daß göttliche Einheit und Eintracht unter den Menschen befestigt wird.

Die dritte Frage behandelt die sexuelle Begierde und den freien Willen des Menschen. Die fleischliche Begierde ist zur Fortpflanzung des Geschlechtes da, und der Mensch ist mit Sinnen und Vernunft begabt worden, um den Weg des Lebens und nicht den des Todes wählen zu können. Gott zwingt niemanden; der Mensch hat vielmehr den freien Willen empfangen, um aus eigener Wahl sich Gott nähern und ihn ins Herz schließen zu können.

In der vierten Frage wird erklärt, daß die Weisheit der Welt nicht ausreicht. Weltliche Ehre und Freude wird von verschiedenen Sorgen gejagt und in Bitterkeiten verstrickt. Der aber, der den Himmelsweg finden will, muß bedenken, daß alle Macht und Stärke Gott zu eigen ist. Fleißig und demütig soll er – in frommer Angst, mit Gebet und Tränen – die Weisheit Gottes suchen.

In der fünften und sechsten Frage wird nach dem Übel in der Welt gefragt: warum gibt es Krankheiten und körperliche Qualen in der Welt, warum gibt es boshafte Machthaber, die ihre Mitmenschen peinigen, warum die Raubgier der wilden Tiere? Der Mensch erhob sich gegen Gott, und aufgrund dieser Sünde erhoben sich alle die Dinge, die dem Menschen untertan sein sollten, gegen ihn. Das Böse aber in der Welt dient zur Läuterung, zur Zurechtweisung und Unterrichtung der Menschen. Infolge seiner ungeordneten Begierden leidet der Körper Qual bis in den Tod hinein. Für manche ist dieser Tod ein Tod, der in alle Ewigkeit hinein dauert, für andere aber ist er der Anfang einer ewigen Freude.

Derjenige ist nicht gerecht, der sich nicht Widrigkeiten um des Gehorsams und der Gerechtigkeit willen wünscht und der nicht aus göttlicher Liebe seinen Nächsten Gutes tut. Wenn ein Sohn in seinen Kindheitsjahren von seiner liebevollen Mutter gezüchtigt wird, weiß er es ihr nicht zu danken, da er den Sinn der Strafe nicht beurteilen kann; wenn er aber das reife Alter erreicht hat, dankt er ihr, da ihre gute Züchtigung ihn von bösen Sitten abgezogen hat. So macht es Gott auch mit seinen Auserwählten, denn sie übergeben ihm ihren Willen und lieben ihn über alles, und wenn sie einige Zeit von Mühsalen heimgesucht worden sind und vielleicht in diesem Leben Gottes Wohltaten nicht verstehen, so widerfährt ihnen dieses doch um eines kommenden Heiles willen.

So sagt Christus als Richter: „Manchmal verschone ich den Körper und strafe den Menschen stattdessen in dem und durch das, was er liebt, so daß der, der mich, wenn er fröhlich ist, nicht kennenlernen will, mich kennenlernen muß, wenn er betrübt ist."

Die siebte Frage handelt davon, weshalb der Mensch sich seiner Herkunft, seines Reichtums und seiner guten Seelengaben nicht überheben soll. „Es stand nicht in deiner Macht, von vornehmen oder geringen Eltern geboren zu werden, sondern meine Güte und Huld rief dich ins Licht", sagt Christus, der Richter. „Also sollst du, wenn du vornehm genannt wirst, dich unter mich, deinen Gott, demütigen, der ich dich in einer vornehmen Familie zur Welt kommen ließ, und sollst dich deinem Nächsten gleichstellen, denn er ist vom selben Stoff wie du . . . Du, die du aus hohem Geschlecht stammst, sollst auch größere Furcht im Herzen tragen als einer aus niedrigem Geschlecht, denn je vornehmer und reicher du bist, desto strengere Rechenschaft wird von dir gefordert werden und desto härterem Gericht wirst du dich unterwerfen müssen, da du doch mehr empfangen hast."

„Die Reichtümer der Welt sind dein nur für die Notdurft der Ernährung und der Bekleidung. Die Welt ist nämlich zu dem Zweck geschaffen worden, damit der Mensch seinen leiblichen Unterhalt haben und durch Arbeit und Demut sich mir zuwenden soll, seinem Gott, dem gegenüber er ungehorsam gewesen ist, den er verachtet hat und um den er sich in seinem Übermut nicht gekümmert hat. Wenn du sagst, zeitliches Gut sei dein, so sage ich dir die sichere Wahrheit, daß du dir alles, was du über deine Notdurft hinaus besitzt, durch Gewalt angeeignet hast. Denn alles zeitliche Gut soll gemeinsam und gleich für alle Bedürftigen sein. So gebietet es die Liebe."

„Keiner außer mir, außer Gott, ist gut aus sich selbst, und ein jeder, der gut ist, hat dieses Gutsein von mir. Wenn du also, die du nichts bist, dein eigenes Lob und nicht das meine suchst, obwohl jede vollkommene Gabe von mir kommt, so ist dein Ruhm falsch und du tust mir, deinem Schöpfer, unrecht . . . Mich sollst du ehren, wenn du gut und verständig das, was dir beschert ist, verwaltest. Wenn du es aber schlecht verwaltest, dann ist es dein Fehler und du machst dich der Undankbarkeit schuldig."

Auf die achte Frage hin, weshalb der Mensch Gottes Herrlichkeit auf Erden nicht schauen darf, wird auf die Verklärung Christi auf dem Berge hingewiesen, wo die Jünger in Ohnmacht fielen. Der Mensch vermag den Anblick der göttlichen Majestät nicht auszuhalten. Wenn er aber keinen Einblick in die himmlische Herrlichkeit erhalten kann, solange er auf Erden wandert, so wird ihm auch ein Anblick der höllischen Schrecken erspart. „Denn keiner soll die himmlische

Freude aus Furcht vor Strafe erstreben, sondern nur aus Liebe zu Gott."

In der neunten Frage wird die auserwählte Stellung der Jungfrau Maria und der Engel erklärt. In der zehnten, elften und zwölften Frage wird die Inkarnation Christi und sein Erlösungswerk auf Erden behandelt. In der dreizehnten Frage kehrt das Problem des menschlichen freien Willens und des Übels auf Erden wieder: „Gott wägt das Leiden so ab, daß nichts ohne Ursache und ohne Belohnung geschieht; denn viele, die vor den Heimsuchungen schliefen, bekommen durch die Unglücke ihre Augen geöffnet." — „Jedem ist soviel Verstand zugemessen, daß er dadurch, wenn er fromm lebt, das Himmelreich gewinnen kann." — „Der, dem wenig gegeben ist, soll sich des wenigen, das er hat, freuen und so viel ausrichten, wie er kann, denn er ist vor vielen Gelegenheiten zur Sünde geschützt."

In der vierzehnten Frage bittet der Mönch um eine Erklärung für das Leiden der Tiere. Christus ermahnt darauf den Menschen, den Tieren in Milde zu begegnen und sich ihrer um des Schöpfers willen zu erbarmen.

In der fünfzehnten Frage erklärt Gott, wie weise, maßvoll und schön die Schöpfung eingerichtet ist. Nichts ist ohne Ursache und Nutzen gemacht, weder die Bergeshöhen noch die Einöden, weder die Seen noch die Raubtiere oder die giftigen Kriechtiere.

„Sieh' doch, wie die kleine, kleine Biene, wenn es ums Honigsammeln geht, viel aus manchen Kräutern herauszuziehen vermag! So übertreffen auch andere kleine und große Lebewesen den Menschen an Scharfsinn und Geschicklichkeit, Kräuter zu unterscheiden, und an Einsicht, was für sie nützlich ist, wobei für sie vieles nützlich ist, was dem Menschen schädlich ist. Ist es da verwunderlich, daß der Verstand des Menschen meine Wunder nur schwer unterscheidet, wenn er sogar von den geringsten erschaffenen Wesen übertroffen wird? Was sieht häßlicher aus als der Frosch oder die Schlange, was ist verächtlicher als die Klette, die Nessel oder ähnliche Kräuter? Und trotzdem sind sie außerordentlich gut für die, die meine Taten zu unterscheiden wissen. Somit ist alles, was ist, auf die eine oder andere Weise nützlich, und alles, was sich bewegt, weiß, wodurch seine Natur bestehen und vermehrte Kraft gewinnen kann. Da nun alle meine Werke wunderbar sind und mich preisen, deshalb soll der Mensch, der über die anderen erhöht und so viel schöner als sie ist, wissen, daß er mehr noch als die anderen verpflichtet ist, mich zu ehren. Wenn die brausenden Wassermassen nicht vom Fuß des Berges gehindert würden, wo könnten dann die Menschen in Sicherheit wohnen? Wenn die wilden Tiere keinerlei Zufluchtsort hätten, wie könnten sie dann der unermeßlichen Gier der Menschen entkommen? Und wenn dem Menschen alles nach Wunsch und Willen ginge, würde er dann nach dem Himmlischen trachten? Wenn aber die wilden Tiere keinerlei Mühe hätten und nicht in Furcht lebten, würden sie dann nicht geschwächt werden und untertauchen? Deshalb sind viele meiner Werke verborgen, damit ich, der wunderbare und unbegreifliche Gott, von den Menschen erkannt und geehrt werde, die meine Weisheit in der Erschaffung so vieler Dinge bewundern.''

In der zwölften Offenbarung des Buches spricht Gottes Sohn einige tröstende Worte zu seiner Braut. ,,Fürchte dich also nicht, sondern bleib standhaft im Glauben! Kämen diese Worte aus deinem eigenen Geist oder dem dieser Welt, dann müßtest du dich mit Recht fürchten. Da sie nun aber aus meinem Geist hervorgegangen sind, den auch die heiligen Propheten gehabt haben, sollst du dich nicht fürchten, sondern dich freuen, sofern du nicht womöglich die eitlen Namen der Welt mehr fürchtest als die Verspottung meiner göttlichen Worte.''

Zum Schluß der Offenbarung wird gesagt, das schwedische Reich sei mit einer großen, lange ungestraften Sünde behaftet. Deshalb kann Gottes Wort da nicht aufgehen und Frucht bringen. Gleich einem Nußkern soll es stattdessen auf einer anderen Stelle gepflanzt werden und wachsen, bis der Boden des Reiches weniger hart geworden ist und die Sonne der Barmherzigkeit leuchtet.

Die letzte Offenbarung im Buch der Fragen lädt Birgitta zu einer Pilgerfahrt ein.

Gott Vater spricht: ,,Es war einmal ein Herr, dessen Diener zu ihm sprach: ,Siehe, dein Acker ist gepflügt und die Wurzeln sind ausgerissen. Wann sollen wir nun den Weizen säen?' Der Hausherr antwortete ihm: ,Obwohl es so aussieht, als seien die Wurzeln ausgerissen, sind doch alte Stubben im Boden geblieben. Die sollen vom Regen und Wind im Frühling aufgelöst werden. Warte darum geduldig auf die Zeit der Aussaat! Da fragte ihn der Diener: ,Was soll ich denn zwischen Frühjahr und Ernte tun?' ''

(Der Acker ist das Land Schweden und der Diener ist Birgitta, die Unseren Herrn fragt, was sie nun während des Wartens auf bessere Aussaatzeiten tun solle. Und Unser Herr antwortet mit einem Bilderrätsel.)

Der Hausherr sagte: ,,Ich weiß fünf Stellen. Ein jeder, der dorthin kommt, soll fünffache Frucht tragen, wenn er nur als ein Reiner, frei von Hoffart und brennend von Liebe hinkommt. An der ersten Stelle steht ein Gefäß, verschlossen und doch nicht verschlossen, klein und doch nicht klein, leuchtend und doch nicht leuchtend, leer und doch nicht leer, rein und doch nicht rein. An der anderen Stelle wurde ein Löwe geboren, der zu sehen und doch nicht zu sehen war . . . An der dritten Stelle war ein Lamm . . . Auf die vierte Stelle wurde eine Schlange gelegt . . . Auf der fünften Stelle war ein Adler zu sehen, der flog und doch nicht flog, und zu der Stelle kam, die er nie verlassen hatte."

Darauf gibt Gott Vater eine Auslegung und Erklärung des Gleichnisses.

„Das Gefäß, von dem ich gesprochen habe, war Maria, die Tochter Joachims, die Mutter Christi seiner Menschheit nach. Sie war nämlich ein verschlossenes und doch nicht verschlossenes Gefäß. Für den Teufel war sie verschlossen, aber nicht für Gott . . . Der Teufel, der als Strom aller Laster verstanden werden kann, trachtete danach, sich dem Herzen Marias mit all seiner List zu nahen, vermochte es aber nicht, ihre Seele auch nur zu der geringsten Sünde geneigt zu machen, denn sie war allen Versuchungen gegenüber verschlossen. Stattdessen floß der Strom meines Geistes in ihr Herz hinein und erfüllte sie mit besonderer Gnade. Zum zweiten war Maria, die Mutter meines Sohnes, ein kleines und doch nicht kleines Gefäß: klein und gering in ihrer demütigen und verachteten Stellung, groß und nicht klein in der Liebe zu meiner Gottheit. Zum dritten war Maria ein leeres und doch nicht leeres Gefäß: leer von aller Wollust und Sünde und doch nicht leer, sondern voll von himmlischer Lieblichkeit und aller Güte. Zum vierten war Maria ein leuchtendes und doch nicht leuchtendes Gefäß: leuchtend, denn jede schöne Seele ist von mir erschaffen; Marias Seele aber wuchs zur Vollkommenheit allen Lichtes, so daß mein Sohn in ihrer Seele, über deren Schönheit Himmel und Erde sich freuten, Wohnung nahm. Dieses Gefäß war aber vor den Menschen nicht leuchtend, denn sie verschmähte weltliche Ehre und weltlichen Reichtum. Zum fünften war Maria ein reines und doch nicht reines Gefäß: rein, denn sie war ganz und gar schön und in ihrem Inneren war nicht so viel Unreinheit, daß man eine Nadelspitze darauf hätte befestigen können, und doch nicht rein, denn sie stammte von Adam ab und war als Sünderin geboren, obwohl ohne Sünde gezeugt, damit mein Sohn von ihr ohne Sünde geboren würde. Deshalb soll derjenige, der an die Stelle kommt, wo Maria geboren und aufgezogen wurde, nicht nur gereinigt, sondern auch ein Gefäß zu meiner Ehre werden.

Die andere Stelle ist Betlehem, wo mein Sohn als ein Löwe geboren wurde. Seiner Menschheit nach wurde er gesehen und verstanden, seiner Gottheit nach war er jedoch unsichtbar und unbekannt.

Die dritte Stelle ist der Kalvarienberg, wo mein Sohn gepeinigt wurde und als ein unschuldiges Lamm starb . . .

Die vierte Stelle ist der Garten, in dem mein Sohn begraben wurde . . .

Die fünfte Stelle ist der Ölberg, wo mein Sohn seiner Menschheit nach wie ein Adler gen Himmel stieg; seiner Gottheit nach war er ja immer da.

Wer deshalb zu diesen Orten als ein Reiner und mit einem guten und vollkommenen Willen kommt, der wird zu sehen und zu schmecken bekommen, wie freundlich und herrlich ich, Gott, bin. Wenn du selbst an diese Orte kommst, werde ich dir mehr zeigen.''

Gegen Ende der vierziger Jahre hat sich für Birgitta die Lage in Schweden verändert. Der erste Enthusiasmus um die Seherin und ihre Botschaft hat sich gelegt, und sie ist vielen unbequem geworden. Bischof Hemming und Prior Petrus Olavi kehrten von ihrer Sendfahrt zur Kurie in Avignon und zu den Königen von Frankreich und England, aufs große Ganze gesehen, unverrichteter Dinge zurück. Im selben Jahr – 1348 – hatte König Magnus einen Kreuzzug nach Karelien unternommen, zu dem ihn Birgitta lebhaft ermuntert hatte, hatte aber nur geringen Erfolg gehabt; kurz danach gingen die Früchte dieses Unternehmens, die in Eroberungen bestanden, dem schwedischen Könige wieder verloren. Das Mißglücken des Kreuzzuges wird durch seinen fehlenden geistlichen Charakter erklärt: er war nicht der Botschaft Birgittas entsprechend durchgeführt worden. Die Teilnehmer hätten sich durch Buße und Besserung vorbereiten sollen, da der Zweck ja in der geistlichen Unterweisung des fremden Volkes bestand. Weshalb dann mit einem so großen und strahlenden Heer ausziehen? Hatte nicht der Hirtenjunge David den Riesen Goliath besiegt? „Wer Gott vollkommen vertraut, braucht keine leibliche Stärke, nur Glauben und Liebe."

Die Botschaft Birgittas will in den harten Herzen ihrer Landsleute nur schwer Wurzel schlagen. Sie hören nicht auf ihre Warnungen. „Gottes Sohn spricht: Ich sagte dir früher, daß ich die Ritterschaft dieses Reiches mit Schwert, Spieß und Zorn heimsuchen will. Sie aber antworten: ‚Gott ist barmherzig. Das Übel kommt nicht. Laßt uns tun, was wir wollen. Unsere Zeit ist kurz.' Höre deshalb, was ich jetzt sage! Siehe, ich will aufstehen und weder jung noch alt, weder reich noch arm, weder gerecht und ungerecht schonen, sondern will mit meinem Pflug vorgehen und die Ackerstubben und die Bäume umwerfen, so daß dort, wo früher tausend standen, kaum noch hundert zu finden sein werden, und die Häuser werden ohne Bewohner dastehen. Die Wurzel der Bitterkeit wird hervorbrechen, und die Mächtigen sollen gestürzt werden . . . Drei Sünden sind in diesem Reich im Übermaß vorhanden: Hochmut, Schwelgerei und Gewinnsucht" (Extrav. 74).

Birgitta sieht Unheil über das Reich Schweden kommen. Ihr Auftrag gilt aber nicht nur ihrem eigenen Land. Ihre Sendung gegenüber dem Papst zu Avignon war mißglückt; jetzt aber ruft der Herr seine Prophetin, selbst in die Welt hinauszugehen, um sein Werk auszurichten. Es geht nicht nur darum, den Papst zur Rückkehr nach Rom zu bewegen und

Frieden zwischen den Königen Englands und Frankreichs zu vermitteln, sondern auch darum, die Ordensregel des Allerheiligsten Erlösers bestätigt zu bekommen und die Genehmigung zur Gründung des neuen Weingartens in Vadstena zu erhalten. Der Papst hatte das Jahr 1350 zum Heiligen Jahr erklärt. Christus spricht zu Birgitta: „Nun ist die Regel beschrieben, sie ist mit Blumen verziert und ihre Farben sind geordnet. Geh nun dort hin, wo du den Papst und den Kaiser sehen sollst! Denn diese Regel soll wie der Schein einer Leuchte hervorbrechen . . .‟

Im Herbst des Jahres 1349 macht sich Birgitta bereit, gemeinsam mit einer Gruppe anderer schwedischer Pilger, die im Jubeljahr 1350 nach Rom wollen, von Schweden aufzubrechen. Über Rom hinaus schwebt ihr die Pilgerfahrt zum Heiligen Lande vor . . .

Vielleicht ahnt Birgitta, daß der Abschied von der Heimaterde mehr ist als ein nur zufälliger Abschied. Kurz vor ihrer Abreise fühlt sie in Alvastra sehr stark die Liebe zu ihren Kindern, die nun in Zukunft ihre mütterliche Unterstützung entbehren müssen. „Sie taten ihr leid, und besonders fürchtete sie, daß sie nach ihrer Abreise irgendwie noch unbedenklicher gegen Gott sündigen könnten, da sie ja jung, reich und mächtig waren. – In einer Vision sah sie dann einen Topf, der über dem Feuer hing, und einen Jungen, der in die Kohlen blies, um den Topf zum Kochen zu bringen. Birgitta fragte: ‚Weshalb strengst du dich so an und bläst, um den Topf zum Kochen zu bringen?‘ Der Junge antwortete: ‚Damit die Liebe zu deinen Kindern in dir wirklich brennend werden möchte.‘ Birgitta fragte darauf: ‚Wer bist du?‘ – ‚Ich bin der Handelsmann‘, sagte der Junge. Da verstand Birgitta, daß sie eine unvernünftige Liebe zu ihren Kindern in ihrem Herzen hege, und sie besserte sich, so daß sie nichts der Liebe zu Christus vorzog‟ (Extrav. 95). Es gibt kein Feilschen, wenn es um die Liebe zu Christus geht. Sie fordert alles oder nichts.

Birgittas Herz aber ist schwer und unruhevoll. Der Auftrag ist so groß. Wie hatte Christus ihr gegenüber doch die römische Kurie entlarvt, die sein Sitz sein sollte! ,,Wie zu einem Stuhl vier Beine und ein Sitz gehören, so sollten auch zu meinem Stuhl, den ich dem Papst gab, vier Beine gehören, nämlich Demut, Gehorsam, Gerechtigkeit und Barmherzigkeit, und der Sitz sollte aus göttlicher Weisheit und Gottesliebe bestehen. Jetzt aber ist der Stuhl ausgetauscht worden, und man hat stattdessen einen neuen bekommen, wo Hoffart die Demut ersetzt, Eigenwille den Gehorsam, Geldgier die Gerechtigkeit, Zorn und Böswilligkeit die Barmherzigkeit, während das Mittelstück darin besteht, daß man ein Weiser und Meister nach weltlichen Begriffen genannt wird'' (Extrav. 51).

Römische Jahre

Birgitta als Römerin

Rom strahlte dem mittelalterlichen Pilgrim als gesegneter Ort der Sündenvergebung entgegen. Die Jungfrau Maria sagt in einem Gleichnis zu Birgitta: ,,Wenn du ein Stück Land ausmessen würdest, das hundert Fuß in der Länge und ebensoviel in der Breite wäre, und es ganz und gar mit reinem Weizenkorn besätest, so dicht, daß zwischen den einzelnen Körnern kein größerer Abstand als ein Fingerglied wäre, und wenn dann jedes Korn hundertfältige Frucht trüge, dann würde es doch immer noch mehr Märtyrer und Bekenner in Rom von der Zeit an geben, als Petrus mit demütigem Sinn nach Rom kam, bis hin zu der Zeit, wo Coelestinus den Thron der Hochmut verließ und in sein Einsiedlerleben zurückkehrte." (Papst Coelestin V. dankte im Jahre 1294 ab.) Rom ist die Stadt der Heiligen. Birgitta sieht nicht nur einen Weizenacker, sondern auch Blumengärten mit Rosen und Lilien. Christus erklärt, daß diese Gärten die Stellen bezeichnen, wo die Heiligen Gottes ihre Kronen gewonnen haben, und der Acker bezeichnet Rom. „Aber wenn alle Gärten der ganzen Welt zusammengenommen und mit Rom verglichen würden, wäre Rom ganz gewiß ebenso reich an Märtyrern wie sie, da diese Stadt von Gottes Liebe erwählt ist. Der Weizen, den du Schritt für Schritt sahst, bezeichnet diejenigen, die durch Kasteiung des Fleisches, durch Buße und unschuldiges Leben in den Himmel eingegangen sind. Die Rosen sind die Märtyrer, die rot von dem Blut sind, das sie an verschiedenen Stellen vergossen haben. Die Lilien sind die Bekenner, die den heiligen Glauben predigten und ihn mit Wort und Tat bestätigten. Jetzt aber muß ich von Rom sprechen, wie der Prophet von Jerusalem sprach.

Früher wohnte Gerechtigkeit in dieser Stadt, und ihre Fürsten waren Friedensfürsten. Nun ist sie der Sünde verfallen, und ihre Fürsten sind Mörder. O, Rom, wenn du deine Stunde erkenntest, würdest du gewißlich weinen und dich nicht freuen. Rom war in früheren Tagen wie ein Stoff, der mit schönster Farbe gefärbt und mit kostbarstem Faden zusammengewebt war. Seine Erde war mit roter Farbe, eben dem Blut der Märtyrer, gefärbt und zusammengewebt; nämlich vermischt mit den Gebeinen der Heiligen. Nun aber sind seine Tore verlassen, denn ihre Wächter und Verteidiger haben sich weltlicher Begierde zugewandt. Seine Mauern sind niedergerissen und ohne Bewachung, denn man achtet nicht auf das Verderben der Seelen, sondern die Priesterschaft und das Volk, die Gottes Mauern sind, werden zerstreut und zersplittert, um das zu tun, was dem Fleische nütze ist. Die heiligen Gefäße werden schimpflich verkauft, denn das Sakrament Gottes wird für Geld und weltliche Gunst ausgeteilt. Die Altäre sind verlassen, denn die Hände derer, die das Meßopfer im Gefäß darbringen, sind leer an Gottesliebe und die Augen sind auf die Opfergaben gerichtet und, obwohl sie den wahren Gott zwischen ihren Händen haben, ist ihr Herz ohne Gott und stattdessen mit weltlicher Eitelkeit gefüllt" (III, 27). Dem geistlichen Verfall entspricht ein äußerer: „. . . die Häuser der Stadt sind zerbrochen und viele Kirchen völlig verlassen, Kirchen, die die Gebeine gesegneter Heiliger bewahren, die durch ehrenvolle Wundertaten leuchten und deren Seelen im Reiche Gottes herrlich gekrönt werden. Den Tempeln dieser Heiligen fehlen Dach und Türen und sie sind zum Unterschlupf für Menschen, Hunde und wilde Tiere verwandelt worden" (IV, 33).

Im Jahre 1348, dem Jahr vor der Ankunft Birgittas, war Rom von einem Erdstoß getroffen worden, der viele Gebäude in Ruinen verwandelt hatte, unter ihnen die große Wallfahrtskirche San Paolo fuori le mura und Gebäude im Lateran. Vielleicht trugen diese erst vor kurzem entstandenen Schäden zu dem trostlosen Eindruck bei, den die Stadt vermittelte. Vor allem aber wurde dieser Eindruck von der großen Häufung mittelalterlicher Befestigungswerke bestimmt. Diese bestanden in befestigten Adelspalästen und in antiken Ruinen, die in mächtige Verteidigungswerke für die sich untereinander bekämpfenden Adelsparteien umgebaut waren. Die halbe Stadt ungefähr wurde von dem Geschlecht Orsini beherrscht, die andere Hälfte von dem Geschlecht Colonna. Das mittelalterliche Rom hatte ungefähr zweihundert Kirchtürme, die Zahl der Befestigungstürme war aber um ein vielfaches höher, und Klemens VI. zog es vor, in der sicheren Papstburg im südfranzösischen Avignon zu bleiben, statt sein Leben in der unruhigen Tiberstadt aufs Spiel zu setzen, und das sogar während des Jahres 1350, das er zum Heiligen Jahr erklärt hatte.

Für Birgitta war das Ausbleiben des Papstes eine furchtbare Enttäuschung und zugleich eine Bestätigung für den Verfall der Kirche Christi. Birgitta kam ja nach Rom nicht nur als ein ablaßsuchender Pilger unter den vielen anderen in diesem Heiligen Jahr, sondern sie kam als eine Gesandtin Christi zu seinem Stellvertreter auf dem Stuhle Petri.

In Mailand, der ersten Station in Italien, hatte Birgitta am Grab des hl. Ambrosius in der Krypta von St. Ambrogio gekniet, und der Kirchenvater hatte nicht nur den schuldbeladenen Bischof der Stadt und seinen unwürdigen Beichtvater entlarvt, sondern hatte auch geschildert, wie das ganze Schiff der Kirche infolge böser und nachlässiger Befehlshaber vom Untergang bedroht sei. Jetzt aber will Gott ein Licht entzünden, so daß das Schiff seinen Weg zum Hafen findet, und dieser Hafen ist die Wahrheit. „Unter dem Licht, das die Freunde Gottes begehrten, verstehe ich eine göttliche Offenbarung, die in dieser Welt geschehen soll, auf daß die Liebe Gottes in den Herzen der Menschen erneuert und seine Gerechtigkeit nicht vergessen werde. Und darum gefiel es Gott, um seiner Barmherzigkeit und um der Gebete seiner Freunde willen, dich im Hl. Geist zu berufen, um zu sehen, zu hören und auf geistliche Weise zu verstehen, damit du nach Gottes Willen anderen offenbaren mögest, was du im Geist gehört hast" (III, 5).

Mit dieser Offenbarung in ihrem Herzen war Birgitta nach Rom gekommen. Ihre Verantwortung ist unerhört groß.

Birgitta hat mit dem päpstlichen Legat in Rom während des Jubeljahres, dem Kardinal Annibaldo Ceccano, Verbindung aufgenommen, aber seine Weltlichkeit und Eitelkeit haben ihren Zorn erregt. Und der Stellvertreter für Klemens als Bischof in Rom, Pontius de Péret, Bischof von Orvieto, hat ebensowenig Gnade vor ihren Augen gefunden. An beide hat Birgitta Offenbarungen über den herrschenden Verfall in der Kirche Christi gerichtet, ohne daß diese irgendeine nennenswerte Notiz von ihrem Inhalt genommen hätten.

Birgitta hatte ja aber auch den Auftrag bekommen, dem Papste selbst ihre Botschaft zu überreichen. Eins kann sie jedoch nicht – den Papst in seiner „babylonischen Gefangenschaft" in Avignon aufsuchen. Christus hat ihr ausdrücklich den Befehl gegeben, dem Papst, ja dem Papst und dem Kaiser, in Rom zu begegnen. Einer ihrer dringlichsten Aufträge ist ja gerade der, den Papst als wahren Nachfolger Petri zur Rückkehr nach Rom zu bewegen. Birgitta setzt nun in den kommenden Jahren ihre ganze Kraft dafür ein, den Papst zum Kommen nach Rom zu bewegen, und eben von der heiligen Stadt aus spricht Gottes Sprachrohr – das gibt ihren Worten ein besonders schweres, lockendes, mahnendes und befehlendes Gewicht. Sie sagt dem Stellvertreter Christi das Wort Christi von dem Ort aus, wo er hingehört. Aber ein Papst nach dem anderen zögert und stellt damit die Geduld Christi – und ihre eigene – auf die Probe. Birgitta aber kann warten. Sie muß siebzehn Jahre warten, bevor ein Papst römischen Boden betritt. Birgitta wird in dieser Zeit Römerin.

Im Blick auf Klemens hegt Birgitta keine großen Hoffnungen. In einer Offenbarung hat Christus ihn einen Seelenverderber, schlimmer als Luzifer, ungerechter als Pilatus und unbarmherziger als Judas genannt . . . (I, 41). – Als die Glocken der Peterskirche durch einen Unglücksfall durch Feuer vernichtet wurden, erfährt Birgitta, daß dies als ein Zeichen für den baldigen Tod des Papstes anzusehen sei. Dann wird das Volk rufen: „Der hohe Herr ist tot, der Herr Papst ist fortgegangen. Gesegnet sei dieser Tag, aber nicht dieser Herr!" – Bevor das Jahr zu Ende war (1352), war der Papst tot (VI, 96).

Birgitta kam nicht als ein beliebiger, unbekannter Pilgrim nach Rom. Die schwedische Botschaft zu Avignon hatte einige Jahre zuvor mit einer ersten Sammlung von Birgittas Offenbarungen und dem Vorwort von Magister Mathias die schwedische Seherin zu einer am Papsthofe bekannten Person gemacht. In Rom überließ der Bruder des Papstes, der Kardinal Hugo de Beaufort, Birgitta und ihrer Gefolgschaft sein Haus; hier wohnte sie die ersten vier Jahre ihres Aufenthaltes in dieser Stadt. Das Haus lag neben San Lorenzo in Damaso (wo sich jetzt der Palazzo della Cancellaria erhebt), eine frühchristliche Kirche, die in karolingischer Zeit umgebaut und verschönert wurde.

Der Prior Petrus von Alvastra und der Magister Petrus von Skänninge, die Birgitta von Schweden her begleitet hatten, blieben während der vielen Jahre in Rom ihre Getreuen. Wenn der Prior Petrus zeitweise in bestimmten Angelegenheiten nach Schweden gerufen wurde, vertrat ihn der Magister Petrus als Sekretär für Birgitta. Er war nicht nur ihr Beichtvater und Lehrer im Lateinischen, sondern verstand auch ihren Haushalt mit allen seinen praktischen Verrichtungen. Zu Birgittas frühesten Begleiterinnen gehörte auch ihre Freundin, Ingeborg Laurensdotter, die später in Rom starb; weitere Begleiter waren der junge Magnus Petrusson und der Hauskaplan Gudmar Fredriksson. Magister Petrus hatte vom päpstlichen Stuhl den Auftrag, Seelsorger für alle schwedisch-sprachigen Pilger in Rom zu sein; ab und zu vermehrte sich die kleine Kommunität durch Pilger, Verwandte und Freunde, die aus Schweden zu Besuch kamen.

In Birgittas Haus wurde ein klosterähnliches Leben geführt, in dem das Stundengebet, Gebetsstunden und gemeinsame Mahlzeiten dem Tag seinen Rhythmus verliehen. Bei Tisch herrschte Schweigen, und die einzige Tageszeit, die für mehr private Gespräche vorgesehen war, war die nach der Vesper und dem Kompletorium und vor dem Abendessen (Extrav. 65). Wenn Birgitta nicht von ihrer Korrespondenz, ihren Studien und der Redaktion der Offenba-

rungen in Anspruch genommen war, unternahm sie Wallfahrten, immer zu Fuß und bei jedem Wetter, zu den zahlreichen Heiligtümern innerhalb und außerhalb der Mauern der
Stadt und vielleicht vor allem zu den sieben auserwählten
Wallfahrtskirchen: Peterskirche, S. Paolo fuori le mura,
S. Maria Maggiore, S. Giovanni in Latern, S. Croce, S. Lorenzo fuori le Mura und S. Sebastiano an der Via Appia.
Während dieser Wanderungen wahrte Birgitta Schweigen,
und beim Besuch der Heiligtümer hielt sie den Blick ge-
senkt, um nicht unfreiwillig irgendein fremdes Menschen-
antlitz zu sehen.

Schon während des ersten Jahres in Rom besuchte Birgitta – von Christus dazu aufgefordert – das Benediktiner-
kloster Farfa in den Sabinerbergen. Vielleicht hoffte sie, eine
italienische Entsprechung zum schwedischen Alvastra, wo
sie soviel Güte und Gastfreiheit erfahren hatte, zu finden.
Sie mußte aber eine große Enttäuschung erleben. Nur mit
äußerster Schwierigkeit erhielt sie ein Dach über dem Kopf
für sich und ihre Hausleute, einen dürftigen Schuppen, da
die Mönche erklärten, „es sei nicht ihre Gewohnheit, mit
Frauen zusammenzuwohnen". Aber Christus tröstete Birgitta: „Dies ist eine Kammer des Heils . . . Früher hast du in
hohen und schönen Häusern gewohnt. Jetzt kannst du lernen, wie meine Heiligen litten, als sie in Felsenhöhlen wohnten." Birgitta nahm die Lehre an und blieb in dem primitiven
Schuppen (Extrav. 97). Als Erinnerung an diesen mißglück-
ten Ausflug haben wir einige schöne Offenbarungen über
den Hl. Benedikt und sein Werk (III, 20–21) – und eine Offenbarung, weshalb der damalige Abt von Farfa mit einem
gefallenen Engel verglichen werden könnte (III, 22).

Zur selben Zeit, als Birgitta Farfa besuchte, kam ihre acht-
zehnjährige Tochter Katarina als Pilgerin nach Rom. Als Katarina nach einigen Wochen wieder heimkehren wollte, erhielt Birgitta in einer Offenbarung die Weisung, Katarina den

Rat zu geben, bis auf weiteres in Rom zu bleiben. Ihr Gatte —
Katarina war mit Eggard van Kyren in einer „weißen Ehe"
vereint — war nämlich krank, und Christus teilte mit, daß die
Krankheit ein Zeichen dafür sei, daß er sterben würde. Als
Katarina ein weiteres Mal die Frage einer Heimkehr aufwarf,
antwortete Birgitta mit Christi Wort: „Sag dieser Jungfrau,
deiner Tochter, daß sie nun Witwe geworden ist. Und ich be-
schließe, daß sie bei dir bleiben soll, denn ich selbst will sie
versorgen" (VI, 118).

Katarina war schon früh stark von ihrer Mutter beeindruckt
und mühte sich um ein frommes und asketisches Leben,
wofür ihr Keuschheitsgelübde in der von ihrem Vater zu-
standegebrachten Ehe mit Eggard van Kyren ein Ausdruck
war. Der Übergang aber zu einem Leben in Unterwerfung
und Selbstverleugnung, das nun ihr Los wurde, hat eine
harte Prüfung für sie bedeutet. Ihre Biographie erzählt von
körperlicher Züchtigung, die sie selbst erbeten haben soll,
um so ihren aufrührerischen Willen zu unterdrücken. Für
Katarina bedeutete der Aufenthalt in Rom eine freiwillige
Gefangenschaft in dem Haus, in dem Birgitta wohnte. Nur
wenn eine sichernde Begleitung vorhanden war, konnte die
junge nordische Schönheit es wagen, ihrer Mutter auf Pilgerwanderungen in die Stadt und ihre Umgebung zu folgen,
wo Überfälle an der Tagesordnung waren. Die Mutter und ihr
Werk wurden nun zur alles beherrschenden Lebensaufgabe
für Katarina. Im Schatten der Mutter wuchs sie heran und
reifte zu einer Heiligmäßigkeit, die in demütiger Selbst-
auslöschung und Reinheit zu den ergreifendsten unter den
schwedischen Heiligenschicksalen gehört.

Rom war ein Räubernest — seine weltlichen Fürsten waren
wildeste Räuber, und die zahlenmäßig kleine Priesterschaft,
die noch von Herzen Gott liebte, war in Abwesenheit des
Papstes wie verwaist, während Unsitten aller Art sich breit-
machten. Birgitta entwirft ein Panorama des kirchlichen Ver-

falls: Mönche und Nonnen versäumen ihre Klostergelübde, leben in Unzucht und Überfluß und sind nicht einmal mehr an der Kleidung zu erkennen. Nur eine geringe Anzahl von Mönchen nimmt am Stundengebet teil, und häufig wird überhaupt keine Messe gelesen. Die Aufforderung zur Beichte und zum Fasten wird unterlassen, und viele Reiche schicken ihre armen Tagelöhner ohne Rücksicht auf das Sabbatgebot an Feiertagen zur Arbeit. Bann oder Segen spielt für die Menschen keine Rolle (IV, 33).

Gegenüber all dieser Auflösung ist Birgitta nahe daran, den Mut zu verlieren. Sie klagte der Jungfrau Maria: „Es kam mir dieser Gedanke: ‚Wenn du gut bist, mußt du dich mit deinem eigenen Gutsein begnügen – weshalb mußt du andere richten und ermahnen oder die belehren, die besser sind – das schickt sich nicht für deine Stellung.‘ Durch diesen Gedanken verhärtet sich die Seele so, daß sie sich vergißt und alle Liebe zu Gott erkaltet." Aber die Jungfrau Maria bittet sie, nicht müde zu werden, „denn wer den Willen hat, in die Ohren aller Vorübergehenden zu flüstern, daß Jesus Christus in Wahrheit Gottes Sohn ist, und wer soviel, wie er kann, zur Bekehrung anderer tut, der soll, auch wenn er weniger oder keine bekehrt, doch denselben Lohn erhalten, als hätte er alle bekehrt" (IV, 21).

Denselben Rat empfängt Birgitta vom Hl. Franziskus von Assisi. Bei einem Besuch in der Kirche S. Franceso a Ripa in Trastevere wird Birgitta von Franziskus aufgefordert: „Komm in meine Kammer, um mit mir zu essen und zu trinken." Birgitta versteht den Ruf buchstäblich und macht mit ihrem Gefolge eine Wallfahrt nach Assisi. Sie bleibt fünf Tage dort, ohne aber irgendwelche besonderen Gnadenerweisungen zu erfahren oder die Bedeutung des Rufes zu verstehen. Kurz vor dem Aufbruch nach Rom geht sie noch einmal in die Kirche des Franziskus, um sich und ihre Begleiter dem Schutz des Heiligen anzubefehlen. Da offenbart sich ihr Franziskus und sagt: „Sei willkommen! Ich lud dich in meine Kammer ein, um mit mir zu essen und zu trinken. Du sollst aber wissen, daß dieses Haus nicht die Kammer ist, von der ich mit dir sprach. Meine Kammer ist der wahre Gehorsam, den ich allezeit beachtete . . . Ich hatte nämlich ständig einen Priester bei mir, dessen Geboten ich immer demütig gehorchte, und das war meine Kammer. Mach du es ebenso, denn das gefällt Gott. Meine Speise, die mich lieblich erquickte, war diese, daß ich gerne meine Mitmenschen von der Eitelkeit des weltlichen Lebens abzog, damit sie von ganzem Herzen Gott dienten. Die Freude, die ich dabei empfand, schmeckte mir wie die leckerste Kost. Mein Trank aber war die Freude, die ich empfand, wenn ich sah, wie einige, die ich bekehrt hatte, Gott mit all ihren Kräften liebten, sich dem Gebet und der Betrachtung widmeten und andere eine gute Lebensführung und eine Nachahmung der wahren Armut lehrten. Siehe, Tochter, dieser Trank erfreute meine Seele so, daß alles andere in dieser Welt seinen Wert für mich verlor. Tritt deshalb in meine Kammer ein, iß diese meine Speise und trink diesen meinen Trank, auf daß du in Ewigkeit bei Gott erfreut werden mögest" (VII, 3).

Wenn Franziskus zu Birgitta spricht, hört sie den Ordensstifter und denkt an den neuen Weingarten, für dessen Bepflanzung sie selbst vom Erlöser den Auftrag erhalten hat. Wie lange soll sie noch in Rom bleiben, wie soll sie jemals die gewaltigen Aufträge, die ihre Schultern wie ein Joch beschweren, verwirklichen können? Der Apostel Petrus tröstet Birgitta: Rom soll verwandelt werden: „Ich sage dir ferner, daß man noch zu deinen Lebzeiten den Ruf hören wird: Es lebe der Stellvertreter Petri! Du sollst ihn mit deinen eigenen Augen zu sehen bekommen, denn ich werde den Berg der Wollust untergraben, und die, die darauf sitzen, werden herabsteigen . . ." (IV, 5).

Der Lobgesang des Engels

Als Birgitta im Kardinalshaus bei San Lorenzo in Damaso, zu Anfang der fünfziger Jahre, wohnte, schrieb sie 21 Lektionen oder Lesestücke, drei für jeden der sieben Wochentage, die beim Morgengottesdienst in dem zukünftigen Kloster Vadstena als eine Huldigung an die Mutter Gottes, ja, als ein Stundengebet der Jungfrau Maria, gelesen werden sollten. Wie Christus es ihr früher versprochen hatte, schrieb Birgitta die Texte nach dem Diktat eines Engels, und deshalb werden sie Sermo angelicus oder der Lobgesang des Engels genannt.

Birgitta hatte eine Kammer mit einem Fenster, das sich nach San Lorenzo hin öffnete, so daß sie täglich den Leib Christi, die heilige Hostie in ihrem Behälter auf dem Hochaltar der Kirche sehen konnte. Jeden Morgen, nachdem sie ihre Gebete und Stundengebete verrichtet hatte, hielt sich Birgitta mit Feder und Papier für die Ankunft des Engels bereit. ,,Er kam und stellte sich an ihre Seite und stand da auf höfischste Weise und hatte sein Gesicht immer ehrerbietig zu dem Altar hingewandt, auf dem Christi Leib aufbewahrt wurde.''

Jeden Tag zeigte Birgitta ihrem geistlichen Vater, was sie geschrieben hatte; es gab aber auch Tage, an denen sie nichts vorzuzeigen hatte. ,,Vater, heute habe ich nichts geschrieben. Ich wartete lange auf den Engel des Herrn, der mir diktieren sollte, was ich zu schreiben hätte, aber er kam nicht.'' Die Inspiration war ausgeblieben.

Magister Petrus erhielt später den Auftrag, die verbindenden Liedtexte zu schreiben, einen Auftrag, den er zur großen Zufriedenheit sowohl ihrer irdischen Auftraggeberin als auch ihrer himmlischen Auftraggeber ausführte. Es sollen nun einige Zitate aus dem Sermo angelicus folgen, die beschrieben, wie die Jungfrau Maria in ihrer Vollkommenheit schon im Vorauswissen Gottes vor aller Zeit existierte, wie Propheten und Patriarchen sich über ihre zukünftige Herrlichkeit freuten, wie sie geboren wurde und aufwuchs, wie ihr Sohn zur Welt kam, wie sie sein Leiden mit erlitt, wie sie das Leben der Apostel nach seiner Auferstehung teilte und schließlich selbst entschlief und in den Himmel aufgenommen wurde. So singt der Engel zum Lob der Gottesmutter:

„Der Erzvater Abraham liebte seinen Sohn Isaak schon, als Gott ihm verheißen hatte, daß ihm ein Sohn geboren werden sollte . . . Mit noch größerer Liebe aber liebte der allmächtige Gott dich, du lieblichste Jungfrau Maria, bevor irgend etwas erschaffen war, denn er wußte von Ewigkeit her, daß du zu seiner größten Freude geboren werden solltest."

„Wie das fette Öl nicht zu brennen vermag, bevor der Docht eingesetzt ist, so leuchtete die warme, brennende Liebe des Vaters nicht offenbar in der Welt, bevor sein Sohn von dir, du auserwählte Braut Gottes, den menschlichen Leib, der mit einem Docht verglichen werden kann, angenommen hatte. Und wie der Weizen nicht zum Brot werden kann, bevor er mit verschiedenen Geräten bereitet worden ist, so tritt auch Gottes Sohn, der die Speise der Engel ist, unter der Gestalt des Brotes zur Erquickung des Menschen nicht eher hervor, bevor sein Leib in deinem gesegneten Mutterleib aus Gliedern und Gelenken zusammengesetzt worden ist. Und ebensowenig wie der Wein nicht getragen werden kann, wenn nicht zuvor ein Gefäß bereitgestellt ist, ebensowenig sollte die Gnade des Heiligen Geistes, der durch den Wein bezeichnet wird, dem Menschen zum ewigen Leben gegeben werden, bevor nicht der Leib deines allerliebsten Sohnes, der als ein Gefäß bezeichnet wird, durch den Tod und das Leiden bereitet worden ist."

„Es ist nicht zu verwundern, daß Gott an dir, der kleineren Welt, die erst noch erschaffen werden sollte, größeres

Wohlgefallen als an der größeren Welt fand. Denn obwohl die Welt vor dir erschaffen ist, soll sie doch mit allem, was darinnen ist, vergehen; du aber sollst nach Gottes ewiger Vorbestimmung in deiner unvergänglichen Schönheit bleiben, ohne jemals von seiner holden Liebe geschieden zu werden. Die größere Welt kann nämlich in keiner Weise verdienen, in Ewigkeit zu existieren; du aber, selige Maria, überreich an allen Tugenden, verdienst mit aller Vollkommenheit deiner Tugenden auf die würdigste Weise alles, was Gott nach deiner Erschaffung mit dir in seiner großen Gnade zu tun gefiel."

„Die Propheten trauerten darüber, daß der Tempel, in dem man Gott Opfer darbringen sollte, verödet war; sie freuten sich aber zutiefst, als sie voraussahen, daß der Tempel deines gesegneten Leibes geschaffen werden sollte und daß er Gott selbst mit all seiner Tröstung in sich aufnehmen sollte. Sie trauerten darüber, daß die Mauern und Tore Jerusalems abgerissen waren; sie trauerten darüber, daß die Feinde Gottes eingedrungen waren, um ihn leiblich zu erobern, und daß Satan eingedrungen war, um ihn geistlich zu erobern. Sie jubelten aber über dich, Maria, du edelste Pforte, denn sie wußten, daß Gott, der stärkste Kämpfer, in dir die Waffen finden sollte, mit denen er den Teufel und alle Feinde niederschlagen würde. Somit erhielten die Propheten, wie auch früher schon die Patriarchen, den innerlichsten Trost aus dem Gedanken an dich, du edelste Mutter."

„O, wie klar strahlte doch die aufgehende Morgenröte in Annas Mutterleib, als Marias Leib dort durch die Ankunft der Seele zu leben begann, Maria, deren Werden Engel und Menschen mit so heißer Sehnsucht zu sehen trachteten!"

„Wie sich ein Zitherspieler schon über eine noch nicht fertige Zither freuen würde, wenn er voraussehen könnte, daß sie einmal schön klingen würde, so liebte der Schöpfer aller Dinge Maria schon in ihrer Kindheit nach Leib und

Seele aufs höchste, da er ja doch im voraus wußte, daß ihre Worte und Taten ihm mehr als alle liebliche Musik gefallen würden."

„Wie Maria die fröhlichste aller Mütter war, als sie sah, daß Gottes Sohn geboren war . . . so war sie auch die betrübteste aller Mütter, da sie schon im voraus von seinem bitteren Leiden wußte . . . Ja, wenn man zu einer Kindergebärerin sagte: ‚Du hast einen lebendigen Sohn geboren, der gesund an allen Gliedern ist; die Qualen aber, die du bei der Entbindung gehabt hast, werden bis zu deinem Tode reichen', und wenn dann diese Frau, nachdem sie dies gehört hat, sich über Leben und Gesundheit dieses Kindes freut, aber über ihre eigene Pein und ihren Tod trauert – wahrlich die Betrübnis einer solchen Mutter . . . wäre nicht schwerer als der Schmerz, den die Jungfrau Maria empfand, so oft sie den zukünftigen Tod ihres hochgeliebten Sohnes bedachte."

„Sobald die Seele der Jungfrau vom Leibe geschieden wurde, wurde sie also wunderbar von Gott über alle Himmel erhoben, und Gott gab ihr die Würde einer Kaiserin über die ganze Welt und machte sie zur ewigen Herrscherin der Engel . . . weil sie als demütigste unter Engeln und Menschen befunden wurde, deshalb ist sie über alles Erschaffene erhöht worden und ist die schönste von allen und Gott ähnlicher, als irgendein anderer."

„O, wie demütig offenbarte Gott seine Erbarmung in dieser Welt durch die Jungfrau Maria, die wirklich ein Lebensbaum genannt werden kann! . . . Wenn die Menschen danach trachten, sich mit der Frucht dieses Baumes, Christus, zu erquicken, so müssen sie zuerst mit allen Kräften danach streben, die Zweige des Baumes herabzubiegen, d. h. liebevoll die Mutter Gottes auf dieselbe Weise zu grüßen, wie es der Engel der Verkündigung tat, und sie müssen – damit jegliche Sünde vermieden wird – ihren Willen stärken und all ihre Worte und Taten zur Ehre Gottes verständig einrichten. Dann neigt sich die Jungfrau ihnen willig zu und bietet ihnen Hilfe an, damit sie von der Frucht des Lebensbaumes nehmen können, eben den allerwürdigsten Leib Christi, der bei euch von menschlichen Händen geweiht wird und der für euch, ihr Sünder hier in der Welt, und für die Engel im Himmel Speise und Leben ist."

Das Gericht über die Fürsten der Welt

Es glückte Birgitta in Rom, sich trotz der großen Entfernung über die politische Entwicklung in ihrer Heimat unterrichtet zu halten. Nordische Romfahrer, die als Pilger unterwegs waren, haben ihr Neuigkeiten über den immer beunruhigenderen Zustand im Reich von König Magnus gebracht. Birgittas Gedanken wanderten oft hin zu den Nächsten, ihren Söhnen Karl und Birger und ihren Töchtern Märta und Cecilia, auch zu Verwandten und Freunden in der schwedischen Ritterschaft, die sie so hart kritisiert hatte, und zu vielen Männern des Geistes, die ihr erstes Auftreten nach der Berufung begleitet und begünstigt hatten. Für die Verwirklichung der Klosterstiftung in Vadstena war nicht nur die Anerkennung der Regel durch den Papst erforderlich, sondern auch ein Aufgebot von gutem Willen und starken Kräften in dem Land, in dem der neue Weingarten gepflanzt werden sollte. Birgitta hatte das Bedürfnis, trotz des langen Exils in den Angelegenheiten des schwedischen Reiches einen gewissen Einfluß zu behalten. Christus und die Jungfrau Maria haben für Birgitta auch eine politische Mission in Bereitschaft. König Magnus, ihr Schützling, hat sich auf immer gefährlichere Wege verirrt und sich in „einen Sohn des Ungehorsams" verwandelt. In einer Offenbarung nach der anderen wird Magnus als ein Unterdrücker des Volkes, als „ein Räuber, Seelenverderber und unermeßlicher Verschwender von Reichtümern" bezeichnet. Ihm werden Ungerechtigkeiten und Steuererpressungen zur Last gelegt, und seine verfahrenen finanziellen Geschäfte ziehen schließlich den Bannstrahl des päpstlichen Stuhles auf ihn. Birgitta ermahnt Magnus, den Papst als Büßer aufzusuchen und gleichzeitig die Bekräftigung der Klosterregel zu erwirken. Magnus aber folgt dem Rat der Birgitta nicht; er trotzt dem Bann und und umgibt sich weiterhin mit schlechten Ratgebern. Birgitta sieht die Unglücke sich über Schweden und König Magnus häufen — „die Sonne wird erbleichen, bis sie ganz aus der Krone verschwindet". Der König führt sich nur wenig besser als ein gekrönter Esel auf und läßt gefährliche Machtrivalen in sein Reich hinein. Schließlich, als alle Ratschläge vergebens waren, arbeitet Birgitta — im Namen der Jungfrau Maria! — einen Plan zur Absetzung des Königs aus. Dieser Plan kam aber nie zur Ausführung. Trotzdem gingen die drohenden Weissagungen Birgittas in bezug auf das Schicksal, das den König erwartete, in Erfüllung. Er wurde von seinen Söhnen gefangengesetzt, ging der Krone verlustig und kam durch einen Schiffbruch an der Küste Norwegens ums Leben.

In einer ihrer umfassendsten Offenbarungen (VIII, 48), die „ein Lied von Gerechtigkeit und Liebe" genannt wird, sieht Birgitta drei Könige vor dem Gericht.

„... im selben Augenblick sah ich im Himmel ein Haus von seltsamer Schönheit und Größe und in dem Haus ein Pult ... das war wie ein Sonnenstrahl anzusehen, denn es war von roter, weißer und goldglänzender Farbe. Die goldene Farbe war leuchtend wie die Sonne, die weiße Farbe war wie der bleichste Schnee und die rote Farbe wie eine errötende Rose. Und jede Farbe war in der anderen zu sehen ... Auf der Buchstütze selbst sah ich ein leuchtendes

96

Buch – das strahlte wie Gold, hatte aber trotzdem die Form eines Buches. Dies Buch war aufgeschlagen, und seine Schrift war nicht mit Tinte geschrieben, sondern jedes Wort war lebendig und sprach sich selbst, als wenn jemand sagte: ‚Tu dies oder das' – und es wurde sofort in und mit dem Aussprechen des Wortes verwirklicht. Keiner las die Schrift des Buches; was sie aber enthielt, das erschien alles miteinander auf dem Pult und in den beschriebenen Farben.

Vor diesem Pult sah ich einen König, der noch in der Welt lebte (König Magnus). Zu seiner Linken sah ich einen König, der tot war und sich in der Hölle befand (Magnus Ladulås, Großvater von König Magnus), und zu seiner Rechten einen verstorbenen König, der im Fegefeuer war (vielleicht Birger Magnusson, Onkel von König Magnus). Der noch lebende König saß mit seiner Krone wie in einer Glaskugel. Über der Glaskugel hing ein schreckliches dreizackiges Schwert, das sich jeden Augenblick der Kugel mehr näherte, wie das Gewicht in einem Uhrwerk sich seiner Marke nähert. Zur Rechten stand ein Engel mit einem goldenen Gefäß und goldenem Schoß, und zur Linken stand ein Teufel, der Zange und Hammer hielt. Beide wetteiferten darum, wessen Hand der Glaskugel am nächsten kommen würde, wenn diese von dem Schwert berührt und zertrümmert würde.''

Zur Linken des Pultes sah Birgitta den anderen König, der tot und zur Hölle verurteilt war. ,,Er war in königlichem Gewand gekleidet und saß gleichsam auf einem Thron; er war tot und bleich und schrecklich anzuschauen.'' Zur Rechten des Königs stand ein Engel, der wie der schönste Mensch aussah. Auf der anderen Seite aber war ein Teufel zu sehen, ,,dessen Kopf dem eines Hundes glich; sein Bauch war unermeßlich und sein Nabel war offen und sandte Ströme von Eiter in allen erdenklichen giftigen Farben aus. Er hatte drei große, starke und scharfe Klauen an jedem Fuß.''

Nun folgt eine Gerichtsverhandlung, in der das Gewissen des toten Königs, der Engel, der Teufel und die Stimme vom

Pult die Lasterhaftigkeit und Sünde des Königs, seinen fehlenden Willen, dem Weg der Wahrheit und Gerechtigkeit zu folgen, und seine Gottvergessenheit bloßlegen. Und an den Teufel gebunden, stürzt der tote König in den Abgrund. Diese Beschreibung ist eine erschütternde Lektüre, voll von sinnreichen Metaphern, wo die dringlichen Bitten des Engels und die Überredungskraft des Teufels um die Seele des toten Königs kämpfen. Zu Anfang dieses Dialoges ist die Stimme vom Pult zu hören: ,,Alles hat seine Zeit, die Barmherzigkeit und die Gerechtigkeit sollen einander begegnen.''

Dann sieht Birgitta den König zur Rechten des Pultes. ,,Er befand sich im Fegefeuer und glich einem neugeborenen Kind, denn er vermochte sich nicht zu bewegen, nur die Augen aufzuschlagen.'' Der Teufel und ,,ein'' Engel dürfen der Reihe nach berichten, mit welchem Recht sie auf die Seele Anspruch erheben. Da der König keine Reue und Gottesliebe, außer im letzten Augenblick seines Lebens, kannte, ist es ein gerechtes Urteil, daß der Teufel diese Seele reinigt und der Engel sie tröstet, ,,bis sie in die Klarheit der Ehre hineingeführt werden kann''. Der Seele ist es erlaubt, während der quälenden Strafen in der Reinigung den Trost des Engels zu holen, und sie soll der Fürbitten der Gottesmutter und der Kirche Gottes teilhaftig werden.

Das Pult stellt die Gottheit selbst – den Vater, den Sohn und den Heiligen Geist – dar. ,,Daß jede der drei Farben in der anderen zu sehen war, und daß die eine Farbe doch von der anderen unterschieden werden konnte, bezeichnet, daß Gott Vater von Ewigkeit im Sohn ist und der Heilige Geist und der Sohn im Vater sind und daß der Heilige Geist in beiden ist, in Wahrheit *eins* von Natur . . . Die blutrote Farbe deutet auf den Sohn, der in seiner Person menschliche Natur annahm, ohne daß die Gottheit aufgehoben wurde. Die weiße Farbe bezeichnet den Heiligen Geist, der die Vergebung der Sünden bewirkt. Die goldene Farbe bezeichnet den Vater, der der Ursprung und die Vollendung aller Dinge ist . . . Das Buch, das auf dem Pult zu sehen war, will besagen, daß in der Gottheit ewige Gerechtigkeit und Weisheit ist, zu der nichts hinzugefügt und von der nichts abgezogen werden kann."

König Magnus in der Glaskugel, der vom Urteil über seine Vorväter erfährt, hat noch die Möglichkeit, auf Gottes Wege umzukehren. Zu seinem und des schwedischen Reiches Frommen hat Birgitta die Gabe der Prophetie empfangen. So wollte es die göttliche Barmherzigkeit. Gottes Gerechtigkeit aber ist streng, und auch der Teufel ist ein Werkzeug seiner Gerechtigkeit.

In ihren Visionen der jenseitigen Welt und der Strafen, die die Ungehorsamen dort zu erwarten haben — ein oft wiederkehrendes Motiv in den Offenbarungen, die Birgitta an einzelne Menschen um ihres Heiles willen richtet — erscheint Birgitta wie eine Erzählerin böser Märchen, mit einer Phantasie begabt, die sich im Fürchterlichen und Verzerrten übersteigert, und mit einer Kunst des Schilderns, die in plastisch malenden Details dem Zuhörer und Leser fast den Atem raubt.

Eine andere Offenbarung, die das Sündenregister des König Magnus betrifft, mündet in eine großartige apokalyptische Vision des göttlichen Gerichtes über die ungerechten Fürsten der Welt (VIII, 56). Die kosmische Schau, die Birgitta wiedergibt, hat ihre Entsprechung in vielen mittelalterlichen Kirchenräumen gehabt, und zwar in der Darstellung des Jüngsten Gerichts an den Westwänden in Fresko oder Mosaik. Das am besten erhaltene Beispiel ist in unseren Tagen vielleicht das berühmte Mosaik im Dom zu Torcello außerhalb von Venedig.

„Ich hörte eine Stimme, die an die eines Herolds erinnerte und sprach: ,Ihr alle Himmel mit allen Planeten, seid still! Ihr Teufel alle, die ihr in der Dunkelheit seid, hört zu! All ihr anderen, die ihr an finsteren Stellen seid, hört! Denn der höchste Kaiser will die Urteile über die Fürsten der Erde hören. Und das, was ich nun unmittelbar zu sehen bekam, war nicht leiblich, sondern geistlich, und meine geistlichen Augen wurden geöffnet, so daß sie hören und sehen konnten. Ich sah nun Abraham mit allen Heiligen, die aus seinem Geschlecht geboren waren, und alle Patriarchen und Propheten kommen. Ich sah die vier Evangelisten, deren Gestalten vier Tieren glichen, wie sie auf den Wänden hier in der Welt abgebildet zu werden pflegen, aber sie erschienen lebendig und nicht tot. Dann sah ich zwölf Stühle und auf ihnen die zwölf Apostel, die auf die kommende Macht warteten. Danach kamen Adam und Eva mit den Märtyrern, Bekennern und all den anderen Heiligen, die von ihnen abstammen. Die menschliche Natur Christi und der Leib seiner gesegneten Mutter waren noch nicht zu sehen, sondern alle warteten darauf, daß sie kommen sollten. Auch die Erde und das Wasser erhoben sich sichtbar bis zum Himmel hinauf, und alles, was darinnen war, demütigte sich und beugte sich ehrerbietig vor der Macht. Dann sah ich einen Altar, der am Sitz der Macht stand, und auf dem Altar war ein Kelch mit Wein und Wasser und ein Brot in Form einer geopferten Hostie. Nun sah ich, wie ein Priester in priesterlichem Gewand eine Messe in einer Kirche auf Erden zu lesen begann. Als er alles bereitet hatte, was zur Messe gehörte, und an die Worte kam, mit denen er das Brot weihen sollte, erschien es mir, als wenn die Sonne, der Mond und die Sterne mit allen Planeten und allen Himmeln, wo immer sie sich wölbten und kreisten, wechselweise lieblich klingende Melodien anstimmten. Ja, alle Arten von Gesängen waren zu hören und unzählige Musikinstrumente verschiedenster Art waren zu sehen, deren wunderbaren Wohllaut der Sinn unmöglich fassen und beschreiben kann. Die, die im Licht waren, betrachteten den Priester und beugten sich ehrfurchtsvoll vor der Macht, während die, die im Finsteren waren, bebten und erschauerten. Nachdem der Pfarrer Gottes Wort über dem Brot ausgesprochen hatte, erschien es mir, als befände sich eben dieses Brot am Thron der Majestät in drei Gestalten, während es nichtsdestoweniger in den Händen des Priesters blieb. Dieselbe Brot wurde zu einem lebendigen Lamm; in dem Lamm trat ein Menschengesicht hervor und eine brennende Flamme erschien im Lamm und in dem Gesicht drinnen und draußen. Als ich meinen Blick aufmerksam auf das Gesicht richtete, sah ich das Lamm darin, und als ich das Lamm betrachtete, sah ich das Gesicht darin. Eine gekrönte Jungfrau saß neben dem Lamm. Alle Engel dienten ihnen, und sie waren so zahlreich wie der Sonnenstaub, und ein wunderbarer Strahlenglanz strömte von dem Lamme aus. Es waren da so viele heilige Seelen, daß mein Blick die Länge und Breite, die Höhe und Tiefe dieser gewaltigen Menge nicht zu messen vermochte. Ich sah auch, daß noch Plätze leer waren, die späterhin zur Ehre Gottes gefüllt werden sollten.

Und ich hörte von der Erde eine Stimme unzähliger Tausender, die riefen: ‚O, Herr Gott, du gerechter Richter, urteile über unsere Könige und Herren und siehe, wie unser Blut vergossen wird und unsere Frauen und Kinder in Sorgen und Tränen leben. Sieh' an unseren Hunger und unsere Schmach, unsere Wunden und unsere Gefangenschaft, das Abbrennen und Plündern unserer Häuser und die Vergewaltigung unserer Mädchen und Frauen. Achte auf das Unrecht, das die Kirchen und die ganze Priesterschaft leidet, und sieh' an die falschen Versprechungen und die Verräterei der Fürsten und Könige und die Steuern, die sie in ihrer blindwütigen Räuberei erpressen. Sie kümmern sich nämlich nicht darum, ob Tausende sterben, wenn sie nur ihrem grenzenlosen Übermut Raum schaffen können.'

Dann hörte es sich an, als riefen ungezählte Tausende aus der Hölle: ‚O, Richter, wir wissen, daß du der bist, der alles erschaffen hat. Richte deshalb über die Herren, denen wir auf Erden dienten, denn sie haben uns tiefer in die Hölle versenkt. Und obwohl wir dir Böses gönnen, zwingt uns die Gerechtigkeit, anzuklagen und die Wahrheit zu sagen. Diese unsere irdischen Herren liebten uns ohne Liebe, denn sie fragten nach unseren Seelen nicht mehr als nach Hunden, und es war ihnen gleichgültig, ob wir dich, Gott, den Schöpfer aller Dinge, liebten oder nicht. Sie wollten nur von uns geliebt und bedient sein. Sie sind also des Himmelreiches nicht würdig, denn sie fragen nicht nach dir. Stattdessen haben sie, sofern deine Gnade ihnen nicht hilft, die Hölle verdient, da sie uns ins Verderben gebracht haben. Ja, wir wollten gern noch schlimmere Qualen erleiden als die, die wir jetzt leiden, wenn nur ihre Pein in Ewigkeit währen könnte.'

Dann riefen die, die im Fegefeuer waren: ‚O, Richter, wir sind (aus Erbarmung) zum Fegefeuer verurteilt wegen der Reue und des guten Willens, die wir an unserem letzten Ende hatten. Deshalb klagen wir über die Herren, die noch auf Erden leben, denn sie hätten uns mit Wort und Zucht regieren und ermahnen und uns durch heilbringenden Rat und durch ihr Vorbild unterweisen müssen. Stattdessen ermunterten sie uns zu bösen Werken und Sünden, und deshalb ist unsere Strafe nun schwerer um ihretwillen, die Strafzeit länger und Schande und Betrübnis größer.'

Dann sagten Abraham und alle Patriarchen: ‚O, Herr, unter allem Wünschenswerten wünschten wir, daß dein Sohn aus unserem Geschlecht geboren werden sollte. Jetzt ist er von den Herren der Erde verworfen worden. Deshalb bitten wir dich um dein Gericht über sie, denn sie achten deine Barmherzigkeit nicht und fürchten nicht dein Gericht.'

Und die Propheten sprachen und sagten: „Wir prophezeiten die Ankunft des Gottessohnes und sagten, es sei notwendig, daß er um der Befreiung des Volkes willen von einer

Jungfrau geboren würde, daß er verraten, gefangengenommen, gegeißelt und mit Dornen gekrönt würde und daß er schließlich am Kreuz stürbe, damit das Himmelreich geöffnet und die Sünde getilgt würde. Da nun alles vollendet ist, was wir prophezeit haben, bitten wir um dein Gericht über die Herren der Erde, die deinen Sohn verschmähen, der aus Liebe zu ihnen gestorben ist.'

Auch die Evangelisten sprachen und sagten: ,Wir bezeugen, daß dein Sohn alles, was von ihm vorausgesagt worden ist, verwirklicht und vollendet hat.'

Die Apostel sprachen und sagten: ,Wir sind Richter. Deshalb kommt es uns zu, wahrheitsgemäß zu richten. Die, die Gottes Leib und seine Gebote verachten, verurteilen wir zur Verdammnis.'

Aber nun sagte die Jungfrau, die neben dem Lamm saß: ,O, liebster Herr, erbarme dich über sie!' Der Richter antwortete ihr: ,Es ist nicht recht, dir etwas zu verweigern; die, die zu sündigen aufhören und würdige Buße tun, die sollen Erbarmung erhalten, und ich werde sie nicht verurteilen.''

Birgitta als Pilgrim der Pilgrime

Nach gut vier Jahren war es für Birgitta und ihre Hausleute soweit, das Kardinalshaus an San Lorenzo in Damaso zu verlassen. Aber nicht weit von dort, am damaligen Campo de' Fiori, überließ Francesca Papazuri Birgitta und ihrem Gefolge ein Haus, in dem sie die weiteren römischen Jahre, fast zwei Jahrzehnte, verbrachte. Das Haus ist noch vorhanden, umgebaut, angebaut und verschönert; die Adresse lautet heute: Piazza Farnese. Im Innersten des Hauses ist noch wie ein Sanktuarium die Kammer erhalten, in der Birgitta und ihre Tochter Katarina wohnten und in der Birgitta verstarb. Die ursprüngliche Anlage bestand aus einem größeren Haus, drei kleineren Häusern und einem kleinen Turmgebäude, die um einen Garten herum lagen.

Im Birgittazimmer wird noch die Tischplatte aus Walnußholz bewahrt, an der Birgitta ihr Brot mit so vielen brach, die als Fremdlinge von fernher ins Rom des 14. Jahrhunderts kamen. Birgittas Wohnung wurde zu einem Heim und einer Herberge für skandinavische Pilger und Romfahrer; ihr Tisch und ihre Geldbörse aber waren auch für die Armen, Hilflosen und Kranken da, denen sie auf ihren täglichen Pilgerwanderungen in der Stadt begegnete.

Als Birgitta eines Tages der Jungfrau Maria klagt, sie finde nicht genügend Zeit, um all die heiligen Stätten Roms zu besuchen, antwortet die Jungfrau Maria: zwar gibt es an den römischen Heiligengräbern mehr Ablaß zu gewinnen, als Menschen es sich vorstellen können; deshalb solle Birgitta aber nicht ihre Grammatikstunden und den frommen Gehorsam, den sie ihrem geistlichen Vater, dem Magister Petrus, schuldig sei, versäumen (VI, 105). Man meint, das Echo eines Meinungsaustausches zwischen Birgitta und ihrem Beichtvater zu hören.

Ein anderes Mal, als Birgitta in ihrem Gebet der Mutter Gottes ihre Skrupel vorträgt und sie um Hilfe bittet, da sie sich außerstande fühle, den Sohn mit so brennender Liebe zu lieben, wie sie es sollte, gibt ihr die Jungfrau Maria eine recht nüchtern zurechtweisende Antwort: ,,Gesegnet sei Er, der dir solche Gebete eingibt. Aber obwohl du das Gespräch mit mir so sehr liebst, so mußt du doch hingehen und den Rock deiner Tochter zusammennähen, die sich über einen alten und geflickten Rock mehr als über einen neuen freut und die an grauem Loden mehr Gefallen findet als an Seide oder anderer kostbarer Bekleidung." Und die Jungfrau Maria stimmt einen kleinen Lobgesang im Blick auf Birgittas untergebene, dienende Tochter an, auf sie, die freiwillig das Weltliche verließ, die ihren Mann mit seinem guten Willen und Einverständnis, ihre Brüder und Schwestern, Verwandte und Freunde verließ ... „Alle, die sie lieben, sollen um ihretwillen Fortschritte auf dem Weg zu Gott machen", sagt die Jungfrau Maria (Extrav. 69).

Als barmherziger Samariter im Rom des 14. Jahrhunderts zu leben, war kein billiges Geschäft, und Birgitta befand sich oft in finanzieller Bedrängnis. Die Geldsendungen von Schweden, die den Unterhalt für Birgitta und ihr Hausvolk decken sollten, kamen oft unregelmäßig. In einer solch prekären Situation hört Birgitta auf die Jungfrau Maria, die ihr sagt: „. . . Sorge nicht für den morgigen Tag, denn auch, wenn du nichts anderes als den bloßen Leib hast, mußt du doch auf Gott hoffen. Er, der die Spatzen nährt, wird auch für dich, die er mit seinem Blut erlöst hat, sorgen."

Birgitta antwortet: „O, liebste Frau, du bist schön, reich und tugendhaft. Du bist so schön, weil du nie gesündigt hast, so reich, weil du Gott so nahe stehst, so tugendhaft, weil du in allen guten Werken am vollkommensten bist. Deshalb, liebe Frau, höre mich, die ich voll von Sünden und arm an Tugenden bin. Wir haben für heute unsere Nahrung und Notdurft, für morgen aber fehlt sie uns, und wir stehen ganz bloß da. Wie sollen wir dann ohne Sorgen sein können, wenn wir nichts haben? Wenn auch die Seele Erquickung von Gott empfängt, verlangt doch dieser Esel von Körper nach seiner Nahrung."

Die Jungfrau antwortet: „Wenn ihr etwas übrig habt, das ihr entbehren könnt, dann verkauft oder verpfändet es und lebt dann ohne Sorgen."

„Wir haben die Kleider, die wir bei Tag und Nacht tragen und einige wenige Gefäße für unseren Tisch. Der Priester hat seine Bücher, und für die Messe haben wir Kelch und Altarausstattung."

Die Jungfrau antwortet: „Der Priester darf nicht ohne seine Bücher und auch ihr nicht ohne die Messe sein. Auch soll die Messe nicht ohne eine würdige Altarausstattung gefeiert werden. Euer Körper darf nicht nackt, sondern soll bekleidet sein, um der Schamhaftigkeit willen und zum Schutz gegen die Kälte. Also braucht ihr dies alles."

„Sollte ich etwa für eine gewisse Zeit auf meinen Glauben und meine Ehre geliehene Gelder annehmen?"

„Wenn du dessen sicher bist, daß du innerhalb der vorgeschriebenen Zeit zurückzahlen kannst, dann kannst du das Darlehen annehmen; sonst mußt du es bleiben lassen, denn es ist dir besser, einen Tag lang die Nahrung zu entbehren, als daß du deinen Glauben und deine Ehre auf unsichere Bedingungen hin bloßstellst."

„Soll ich etwa arbeiten, um meine Nahrung zu verdienen?"

„Was tust du jetzt täglich?"

„Ich lerne Latein, bete und schreibe."

„Solche Arbeit solltest du um der körperlichen Arbeit willen nicht unterlassen."

„Was sollen wir aber dann morgen zu Essen haben?"

„Bettle in Jesu Christi Namen, wenn ihr nichts habt." (VI, 46).

Es gibt mehrere Erzählungen, wie Birgitta, wenn sie sich in einer finanziellen Notlage befand, in elfter Stunde Hilfe erhielt. Es gab aber auch andere Sorgen drohender Art. Sie hatte so vielen mit Rat und Tat geholfen, Hohen und Niedrigen, mit Fürbitten und auch mit Wundertaten, wie einige sagten. Auf diese Weise hatte sie viele Freunde und Gönner gewonnen, hatte auch einflußreiche Beschützer innerhalb der Familie Orsini, die in dem Teil der Stadt, wo Birgitta wohnte, die Macht hatten. Birgittas Verkündigung war vor allem aber eine beißende Kritik an den Mißständen in Kirche und Gesellschaft und eine Abrechnung mit dem Mißbrauch der Macht und persönlichem Zukurzkommen von Menschen aller Stände. Ihre Kritik und ihre Bannstrahlen weckten bei den Betroffenen häufiger Haß und Zorn als Reuegefühle und den Wunsch nach Buße. Nicht ohne Grund konnte Birgitta sich die Worte des Propheten Jeremia (20,8) zu eigen machen: „Denn sooft ich rede, muß ich schreien; ‚Frevel und Gewalt!' muß ich rufen. Denn des Herrn Wort ist mir zu Hohn und Spott geworden täglich."

Birgittas Schilderungen des Verfalles in der Stadt Rom hatten die Römer in einem solchen Maße gereizt, daß sie drohten, sie lebendig zu verbrennen, und daß sie sie als Ketzerin und Hexenweib schmähten.

Birgitta ertrug alle Schmähungen geduldig, fürchtete aber, daß sie um dieser Drohungen und Beschimpfungen willen vielleicht von ihren Dienstleuten und von Freunden und Verwandten verlassen werden könnte. In ihrer Not wendet sie sich im Gebet an Christus, der ihr antwortet: „Du möchtest wissen, ob ich will, daß du hier in Rom bleibst, wo viele unwillig gegen dich gestimmt sind und sich gegen dein Leben verschwören, oder ob du für einige Zeit dich ihrer Bosheit entziehen sollst. Ich antworte dir, daß du, da du doch mich hast, niemanden zu fürchten brauchst. Ich werde mit dem Arm meiner Macht ihre Bosheit zurückhalten, so daß sie dir nicht schaden können. Und obwohl ich es zuließ, daß meine Feinde meine Menschheit kreuzigten, sollen sie doch keineswegs imstande sein, dich zu töten oder dir zu schaden."

Und die Jungfrau Maria steht Birgitta mit tröstenden Worten bei: „Mein Sohn, der Macht hat über alle Menschen und Teufel und über jedes andere erschaffene Wesen, macht unsichtbar alle ihre bösen Anstrengungen zunichte. Und ich will dir und den Deinen ein schützender Schild gegen alle Angriffe der geistlichen und leiblichen Feinde sein. Deshalb will ich, daß du und deine Dienstleute jeden Abend zusammenkommen und die Hymne singen sollen ,Ave maris stella' und ich werde euch in allen euren Bedrängnissen Hilfe verleihen'' (Extrav. 8).

In einer Offenbarung setzt die heilige Agnes eine Krone mit sieben kostbaren Steinen auf das Haupt Birgittas. ,,Was ist die Krone'', sagt die hl. Agnes, ,,wenn nicht die Prüfung der Geduld, die aus Betrübnissen geschmiedet und von Gott mit Geschmeiden geschmückt ist? Der erste Stein in der Krone ist ein *Jaspis.* Er wurde in deine Krone von dem gesetzt, der dir schmählich sagte, er wisse nicht, aus welchem Geist du redest, und es sei dir nützlicher, wie andere Frauen zu sitzen und zu spinnen, als aufgrund der Schriften zu disputieren. Darum: wie der Jaspis das Sehvermögen stärkt und Freude in der Seele entzündet, so wird Gott durch die Trübsal Freude in deiner Seele entzünden, dein Verständnis für geistliche Dinge erleuchten und die Seele von ungeordneten Neigungen reinigen. Der zweite Stein ist ein *Saphir.* Er wurde in deine Krone von dem gesetzt, der in deiner Gegenwart gut von dir sprach, dich dann aber verleumdete. Wie der Saphir die Farbe des Himmels hat und die Glieder frisch erhält, so prüft also die Bosheit der Menschen den Gerechten, so daß er nach dem Himmlischen trachtet, und bewahrt die Glieder der Seele, so daß sie sich nicht überheben. Der dritte Stein ist ein *Smaragd.* Er wurde in deine Krone von dem gesetzt, der sagte, du hättest etwas gesagt, was du in Wirklichkeit weder gedacht noch gesagt hattest. Darum: wie der Smaragd seiner Natur nach spröde und doch schön und von grüner Farbe ist, so wird die Lüge schnell zunichte gemacht werden; er macht aber doch die Seele schön aufgrund der Belohnung der Geduld. Der vierte Stein ist eine *Perle.* Sie wurde in deine Krone von dem gesetzt, der in deiner Gegenwart einen Freund Gottes schmähte, über dessen Beschimpfung du betrübter warst als über deine eigene. Darum: wie die Perle weiß und schön ist und die Pein des Herzens erleichtert, so führt die Sorge der Liebe Gott in die Seele hinein und zügelt die Leidenschaften des Zornes und der Ungeduld. Der fünfte Stein ist ein *Topas*. Er wurde in die Krone von dem gesetzt, der Bitteres dir gegenüber sagte und dem du dafür segnende Worte schenktest. Darum: wie der Topas die Farbe des Goldes hat und Keuschheit und Anmut bewahrt, so ist nichts schöner und Gott wohlgefälliger, als daß man den liebt, der einen kränkt, und daß man für seine Verfolger betet. Der sechste Stein ist ein *Diamant*. Er wurde in deine Krone von dem gesetzt, der dir körperlichen Schaden zufügte, was du geduldig ertrugst, weil du den, der dich beschädigt hatte, nicht entehren wolltest. Darum: wie der Diamant nicht durch Hammerschläge zerschlagen wird, sondern nur durch das Blut von Böcken, so gefällt es Gott, daß der Mensch um seinetwillen seinen körperlichen Schaden vergißt und immer daran denkt, was Gott um des Menschen willen getan hat. Der siebte Stein ist ein *Karfunkel*. Er wurde in die Krone von dem gesetzt, der dir falsche Nachrichten brachte, nämlich daß dein Sohn Karl tot sei, was du geduldig ertrugst, indem du deinen Willen Gott anbefahlst. Darum: wie der Karfunkel im Hause leuchtet und der schönste Stein am Ring ist, so erweckt der Mensch, der geduldig ist, wenn er etwas Liebes verliert, Gott zur Liebe und leuchtet und entzückt im Angesicht der Heiligen wie ein kostbarer Stein. Deshalb bleib standhaft, meine Tochter, denn noch bedarf es einiger Steine, um deine Krone auszubauen" (IV, 124).

Die Beleidigung, sie solle lieber spinnen als mit Unterstützung der Schriften disputieren, hat Birgitta sicher mehr als einmal sowohl von Laien als auch von Gelehrten gehört. Birgitta erhob keine Ansprüche darauf, schriftgelehrt zu sein. Sie war zwar in den Büchern der Bibel und in vielen geistlichen Schriften bewandert, ihre Offenbarungen aber sind kaum von irgendwelchen gelehrten Lesefrüchten beschwert. Birgitta hat eine unmittelbare, schöpferische, poetische Ader, und ihre Bilder sind ebensooft dem praktischen Leben wie den Schriften der Väter entnommen. Die himmlische Inspiration der Offenbarungen springt in der Regel als Antwort auf aktuelle Situationen und auf Fragen in Birgittas Umwelt auf, seltener dagegen im Zusammenhang mit abstrakten Problemen, die aus gelehrter Arbeit erwachsen wären.

Birgitta ergreift gerne die Partei der frommen Einfältigen gegenüber der hochmütigen Klugheit der Gelehrten.

Ein einfältiger Mann, der nicht einmal sein Vater Unser richtig konnte, wandte sich an Birgitta um Rat. Christus sagte zu ihr: ,,Die Seeleneinfalt dieses einfältigen Menschen sagt mir mehr zu als die Klugheit der Hochmütigen, denn bei ihnen wohnt ein Hochmut, der Gott vom Herzen entfernt, bei ihm aber wohnt eine Demut, die Gott ins Herz hineinführt . . . In seiner Unwissenheit hat er alle Weisheit. Er liebt mich nämlich in seinem Herzen. Woher aber hat er diese Liebe, wenn nicht aus meinem Geist? . . . Und weshalb lernen die Menschen so vielerlei und warum lesen sie so viele Bücher durch? Wirklich deshalb, um mir zu dienen? Geschieht es nicht vielmehr aus Neugier und zum Zeitvertreib und um prahlen zu können und Meister genannt zu werden? Ein jeglicher aber hat sein Gewissen, und danach wird ein jeder von mir gerichtet werden. Deshalb, Tochter, gefällt mir der, der mit vollkommenem Glauben und Willen diese fünf Worte aus dem Gesetz spricht: ,Jesus, erbarme dich über mich', mehr als der, der ohne Aufmerksamkeit tausend Bibelworte aufsagt." Birgitta macht sich — wie immer — zur Sprecherin der Kleinen und Schutzlosen. Sie fühlte sich mit ihnen in einer sehr ungleichen Welt solidarisch (VI, 116).

Gegenüber ihren himmlischen Auftraggebern kann Birgitta sich als eine alte, arme, ungebildete Frau, die sich in vielen Sünden verzehrt hat, demütigen. Wenn sie aber eine

Rolle als Gottes Sprachrohr erfüllt, dann spricht sie mit Macht und Autorität. Als Vertraute der Jungfrau Maria würde es ihr niemals einfallen, die Berechtigung ihres Geschlechtes, geistliche Dinge zu behandeln, in Frage zu stellen. Birgitta kann sich in die Rolle des himmlischen Bräutigams so tief einleben, daß ihre Bildersprache bewußt oder unbewußt auf kühne Weise Grenzen überschreitet.

In San Lorenzo fuori le mura ist Birgitta einem Mönch begegnet, dessen Typ ihr nur allzu bekannt war. Christus sagt von ihm, seine Stimme sei wie der Ton eines Rohres und die Sprachen seiner Lippen wie der Laut zusammengeschlagener Steine. Sein Herz ruft gleichsam mit drei Stimmen. Die erste sagt: ,,Ich will meinen Willen haben. Ich will schlafen und aufstehen, wann es mir gefällt. Angenehme Worte sollen auf meinen Lippen sein, und was angenehm und gut ist, soll zu meinem Munde eingehen. Ich kümmere mich nicht darum, Sparsamkeit einzuhalten, sondern suche die Sättigung meines Körpers; was der haben will, das will ich ihm zur vollen Genüge geben. Ich will Geld in meiner Börse und weiche Kleider auf meinem Leibe haben. Wenn ich dies alles habe, dann habe ich meine Freude und alles, was ich ersehne; das nenne ich Glück.'' Die zweite Stimme sagt: ,,Der Tod ist nicht so hart, wie gesagt wird, und das Gericht nicht so streng, wie es beschrieben wird.'' Die dritte Stimme ruft: ,,Gott hätte mich nicht erschaffen, wenn er mir nicht das Himmelreich hätte geben wollen. Er hätte nicht gelitten, wenn er mich nicht in das himmlische Vaterland hätte hineingeleiten wollen. Weshalb wollte er so bittere Qualen leiden? Wer zwang ihn dazu und was kam dabei heraus? Wie soll ich wissen können, daß es das Himmelreich gibt? Ich habe davon ja nur reden hören, aber nichts von seinen Gütern gesehen. Ist das überhaupt glaubwürdig oder nicht? Ich weiß es nicht. Wenn ich aber meinen Willen bekomme, dann weiß ich, daß das eine Freude ist, und die will ich gerne für das Himmelreich nehmen.''

Dieser Weltmensch in der Mönchskutte ist ein Wolf in Schafskleidern. Christus klagt über diesen verlorenen Sohn, der seinem mildesten Herrn und Schöpfer den Rücken und nicht das Gesicht zukehrt und der seine Feldzeichen mit Füßen tritt. „Mein Bruder, alles, was ich tat, tat ich aus Liebe zu dir, damit du mir gleich werden solltest . . . Nun aber ist meine Liebe in dir erloschen . . ." Wenn der verlorene Sohn nicht umkehrt, wird sein Leiden bitter, sein Tod hart und sein Gericht unerträglich werden.

„War ich ihnen denn nicht wie eine Mutter, die ein Kind in ihrem Schoß trägt? In der Stunde der Entbindung wünscht sie, das Kind möchte lebendig aus ihrem Schoß hervorgehen, und wenn das Kind schließlich getauft ist, achtet sie ihren eigenen Tod gering. So verhielt es sich mit mir und den Menschen. Wie eine Mutter gebar ich den Menschen aus dem Dunkel des Totenreiches durch mein Leiden zum ewigen Tage. Ich trug ihn sozusagen in meinem Mutterleibe mit großer Mühe, als ich all das erfüllte, was geweissagt war. Ich nährte ihn mit meiner Milch, als ich ihm meine Worte und die Gebote des Lebens gab. Aber wie ein böser Sohn den Schmerz seiner Mutter vergißt, so verachtet mich der Mensch jetzt um meiner Liebe willen und erzürnt mich. Dem Schmerz in meinem Mutterleibe fügt er das hinzu, was mich weinen macht, er legt Krankheit auf meine Wunden und reicht mir Steine zur Stillung meines Hungers und Schlamm, um damit meinen Durst zu löschen.

. . . Nach welch anderem Brot verlangt mich als nach der Besserung der Seelen, der Zerschlagung des Herzens, der Sehnsucht nach dem Göttlichen und der in Liebe brennenden Demut? Stattdessen gibt mir der Mensch nun durch die Härte seines Herzens Steine. Er löscht meinen Durst mit Schlamm durch seine Unbußfertigkeit und sein Vertrauen auf eitle Dinge" (VI, 19).

Birgitta lebte in Rom das Leben einer armen Pilgerin und besuchte fleißig die Wallfahrtskirchen. Auf Christi Aufforderung hin unternahm sie aber auch einige längere Pilgerfahrten südwärts: zu den Gräbern der Apostel, zu St. Andreas in Amalfi, zu St. Bartholomeus in Benevent, zu St. Matthäus in Salerno und zu St. Thomas in Ortona, ferner zur Michaelsgrotte auf dem Monte Gargano und zum Grab des Bischofs Nikolaus in Bari. In Verbindung mit einer dieser Pilgerfahrten blieb Birgitta gut zwei Jahre in Neapel, und zwar vom Juli 1365 bis zum Oktober 1367. Vielleicht war ihr in Rom allmählich der Boden zu heiß unter den Füßen geworden, und Neapel war ein ruhigerer Aufenthaltsort; tatsächlich kennen wir den äußeren Anlaß zu dieser Verlegung des Aufenthaltsortes nicht. In Neapal ist Birgitta mit ihren Kontakten und ihrem Einfluß in allen Gesellschaftsschichten bald zu einer bekannten Person geworden. Viele Offenbarungen sind mit namentlich genannten Personen in Neapel verknüpft. Sie kamen zu Birgitta und baten sie in allerlei Angelegenheiten um ihren Rat. Birgitta versprach, sich ihrer Sache im Gebet anzunehmen; einige Tage später kamen die Hilfesuchenden zurück, um sich Bescheid zu holen. Aus dieser Zeit in Neapel wird auch von vielen Wundertaten, der Heilung von Kranken und Besessenen, berichtet. Der Verlauf folgt meistens demselben Modell. Die in Not Geratenen bitten Birgitta um Hilfe und nötigen sie mit einem rührenden Zutrauen zu ihren übernatürlichen Kräften, sich ihrer Sache anzunehmen. Birgitta sträubt sich so lange wie möglich, verspricht dann aber, sich im Gebet an Christus und die Jungfrau Maria zu wenden, und besucht den Kranken oder Leidenden. Mit ihrer praktischen Erfahrung kann Birgitta oft gute Ratschläge geben – und der Glaube tut Wunder.

Erzbischof Bernard, der sich an Birgitta gewandt hatte, um in einer bestimmten Gewissensfrage Klarheit zu erlangen, erhält eine ganze Lebensregel mit Anweisungen zur Antwort, wie er sein privates Leben einrichten soll und wie er die Geistlichen in seinem Bistum zu betreuen habe. Der Brief wird durch ein Gleichnis eingeleitet, in dem die Briefschreiberin zum Ausdruck bringen will, daß sie nur ein Werkzeug sei, und ihre eigene Bedeutungslosigkeit bezeugt: ,,Mein Herr, es kommt gelegentlich vor, daß aus einem schwarzen Ofen eine schöne Flamme herausschlägt, die nützlich und äußerst notwendig ist, wenn es um die Anfertigung schöner Arbeiten geht. Deshalb soll man dann aber nicht den Ofen um seiner schwarzen Farbe willen rühmen, sondern Lob, Ehre und Danksagung demjenigen zukommen lassen, der Meister und Künstler dieses Werkes ist. Ebenso verhält es sich mit mir Unwürdigen. Wenn Ihr in meinen Ratschlägen etwas Nützliches findet, dann sollt Ihr ständig unendliche Dankbarkeit und gutwilligen Dienst dem Gott widmen, der alles gemacht hat und macht und der den vollkommenen Willen hat, Gutes zu tun.''

Dem Bischof wird gesagt, er solle sehr genau darauf achten, was für Männer er in seinem Bistum zu pfarramtlichen Diensten befördere, und einmal im Jahr solle er die in der Seelsorge tätigen Priester zu einer Freizeit versammeln, um das Heil ihrer eigenen Seelen und das ihrer Gemeindeglieder zu bedenken.

Der Bischof soll keinen Überfluß an Kleidung, Silberservicen und Dienstleuten kennen. Seine Beköstigung soll einfach sein. Besonders solle er sich vor großen und kostbaren Pferden hüten. ,,Ich sage Euch, daß, sooft Prälaten aus Hochmut, Eitelkeit und Ehrsucht große Pferde besteigen, besteigt der Teufel ihre Herzen'' (VII, 12).

Der junge Eleasar, Sohn der Gräfin von Ariano, beabsichtigt, die priesterliche Laufbahn zu wählen. Er bittet Birgitta um guten Rat, und sie zögert nicht, seinem Begehren zu entsprechen. Der Körper des jungen Mannes wird mit einem Haus verglichen, das von einer Königstochter, eben von seiner Seele, bewohnt wird. Das feste Fundament des Hauses ist ein guter und unerschütterlicher Wille. Es ist aber auch ein Wächter erforderlich, nämlich die Vernunft, denn die Anschläge der Feinde sind zahlreich. Vor allem warnt ihn Birgitta vor Weltliebe und Eitelkeit. Wenn Eleasar jetzt studieren will, dann soll es geschehen, ,,weil du dir Wissen und Bücherkenntnis erwerben willst zu Gottes Ehre, zur Verteidigung des katholischen Glaubens, zur Stärkung guter Menschen, zur Zurechtweisung der Irrenden und um aller derer willen, die deines Rates und deiner Unterweisung bedürfen . . .'' (VII, 5).

In der kosmopolitischen Hafenstadt Neapel hat Birgitta kaum einen Lebensstil gefunden, der sich in moralischer Hinsicht von dem sittlichen Verfall in Rom vorteilhaft unterschieden hätte. In einer Offenbarung vertraut die Jungfrau Maria ihr folgendes an: ,,Aber du mußt jetzt wissen, daß in der Stadt Neapel viele gefährliche und heimliche Verbrechen begangen werden, von denen ich dir aber nicht erzählen will. Stattdessen spreche ich mit dir jetzt über zwei Arten offenbarer Verbrechen, die meinem Sohn und mir und dem ganzen himmlischen Hofe höchst mißfallen.

Die erste Sünde besteht darin, daß viele sich in dieser Stadt Heiden und Ungläubige als Diener kaufen und daß einige dieser Herren sich nicht darum kümmern, sie zu taufen oder zum christlichen Glauben zu bekehren. Wenn auch einige von ihnen getauft wurden, so kümmern sich ihre Herren doch weiterhin nicht mehr darum, sie im christlichen Glauben unterweisen zu lassen . . . Außerdem halten einige ihre Dienerinnen oder Sklavinnen in solcher Erbärmlichkeit und Kenntnislosigkeit, als wären sie Hunde, und verkaufen sie oder – was schlimmer ist – schicken sie oft in Bordelle, um auf schändliche und verabscheuungswürdige Weise Geld zu verdienen. Einige halten sie in ihren Häusern als Konkubinen für sich selbst oder andere. Es gibt auch andere

Hausherren, die ihre Diener mit Schimpfworten und Schlägen so quälen und reizen, daß einige von ihnen in Verzweiflung geraten und sich am liebsten das Leben nähmen."

Die andere Sünde sind die bösen Wahrsager, Seher und widerwärtigen Hexenweiber, die in der Stadt ihr Unwesen treiben. Ihre Beschwörungen und Hexenkünste werden in Anspruch genommen, um Liebesgunst und Fruchtbarkeit zu gewinnen, um Krankheiten zu heilen oder in die Zukunft zu schauen (VII, 28).

Birgitta aber weiß, daß die moralische Auflösung, die sie im Leben der Stadt beobachtet hat, auch für die Regierung des Reiches bezeichnend ist. In ihrer gewohnten unerschrockenen Weise legt sie die Schwachheit solcher Regierenden schonungslos bloß und verkündigt ihnen das Gericht des göttlichen Zornes in Worten, bei denen es allen Betroffenen heiß und kalt den Rücken herunterlaufen mußte. Es geht um den Großseneschall von Sizilien, Niccolo von Acciajuoli, der im Herbst 1365 im Sterben lag. Birgitta zeigt seiner Schwester, Lapa del Buondelmonte, wie die Seele ihres Bruders die grausamsten Fegefeuerstrafen erleidet, um ein gottvergessenes Leben zu sühnen. Die Schwester erfährt aber auch, wie durch fromme Gaben und Werke der Hinterbliebenen seine Qualen gelindert und verkürzt werden können. Dabei wird stark nach dem sozialen Status und dem Vermögen des Verstorbenen gerechnet: als Gaben dreißig Abendmahlskelche, die Stiftung von dreihundert Messen, Verpflegung und Bekleidung für dreißig Arme und ein demütiges Waschen ihrer Füße durch den, der die Gabe schenkt, Gaben an eine Jungfrau und an eine Witwe, um es ihnen zu ermöglichen, den Schleier zu nehmen und ins Kloster zu gehen, Gaben als Mitgift für eine Jungfrau, und schließlich eine besondere Bußübung, die nur der Papst dem auferlegen konnte, der an die Stelle des Großseneschalls zu treten bereit ist (IV, 7—9).

Vor allem aber ist es die Königin des Landes, die in sittlicher Hinsicht übel berüchtigte Johanna, die von Birgitta mit guten Ratschlägen, wie sie die Regierung ihres Reiches führen und ihr Leben bessern soll, erfreut wird. Die Offenbarung aber, die Christus durch Birgitta der Königin bezüglich ihres persönlichen Lebens mitgeteilt hat, war, traurig genug, solcherart, daß sie aus den acht Büchern der Himmlischen Offenbarungen fortzensiert werden mußte. Ein Anhang aber zu der Offenbarung enthält einige konkrete Ratschläge für Johanna: sie möge sich mit den Farben und der Schönheit des Gesichtes, die Gott ihr verliehen hat, begnügen, denn fremde Farben mißfallen Gott, und sie sollte immer Furcht in ihrem Herzen empfinden, „denn ihr Leben lang hat sie eher das Leben einer Schlampe als das einer Königin geführt" (VII, 11).

Am 30. April 1367 brach der Papst von Avignon auf, um sich nach Rom zu begeben. Die Flotte von fünfundzwanzig Galeeren, die ihn nach Italien führen sollten, hatte sich im Hafen von Neapel gesammelt: fünf Schiffe von Venedig, fünf von Genua, fünf von Florenz, zwei von Pisa, zwei von Rhodos und sechs von Neapel, die von der Königin Johanna ausgerüstet waren. Endlich sieht Birgitta eine Verheißung in Erfüllung gehen und die langen Pilgerjahre sich vielleicht ihrem Ende nahen . . . Der Papst verbringt den Sommer in Viterbo. Im Oktober bricht Birgitta von Neapel auf, um in der heiligen Stadt zur Stelle zu sein, wenn der Papst am 16. Oktober seinen Einzug halten wird.

Vor Kaiser und Papst

„Ich bin der Schöpfer aller Dinge. Ich bin geboren vom Vater vor dem Morgenstern, ich bin untrennbar im Vater und der Vater in mir und ein Geist ist in uns beiden. Deshalb sind der

Vater und der Sohn und der Heilige Geist ein Gott und nicht drei Götter. Ich bin der, der Abraham das ewige Erbe versprach und durch Moses mein Volk aus Ägypten führte. Ich bin derselbe, der in den Propheten sprach. Der Vater sandte mich in den Mutterleib der Jungfrau, aber trennte sich nicht von mir, sondern blieb ungetrennt bei mir, damit der Mensch, der von Gott abgefallen war, durch meine Liebe zu Gott zurückkehren sollte. Nun aber will ich in deiner Gegenwart, mein Herrscher, obwohl du alles siehst und von allem in mir weißt, gleichwohl um der Erkenntnis und der Unterweisung dieser gegenwärtigen Braut willen (denn sie kann geistliche Dinge nur durch ihre Ähnlichkeit mit leiblichen erfassen) über diese fünf Männer klagen, die hier stehen, denn sie haben mich auf mannigfaltige Weise erzürnt. Wie ich früher unter dem Namen Israel im Gesetz das ganze israelitische Volk verstand, so verstehe ich nun unter diesen Fünfen alle Menschen in der Welt. Der erste ist der Steuermann der Kirche mit seinen Priestern, der zweite sind die bösen Laien, der dritte sind die Juden, der vierte die Heiden und der fünfte meine Freunde. Aber von dir, du Jude, nehme ich alle Juden aus, die heimlich Christen sind und mir im Verborgenen mit aufrichtiger Liebe, rechtem Glauben und vollkommenem Tun dienen. Und von dir, du Heide, nehme ich alle aus, die gern den Weg meiner Gebote wandeln würden, wenn sie nur wüßten, wie, und wenn sie unterwiesen würden, und die in ihrem Handeln so viel tun, wie sie wissen und können; diese sollen keineswegs mit euch zusammen gerichtet werden."

So großartig beginnt die Offenbarung, in der Gottes Sprachrohr seine Zornesschalen über den Papst Klemens-VI. ausgießt, der sich geweigert hatte, auf ihre Worte zu hören (I, 41).

Auf Klemens war Innocentius VI. (1352–1362) gefolgt, aber auch er hatte dem Ruf Birgittas, in die heilige Stadt zu-

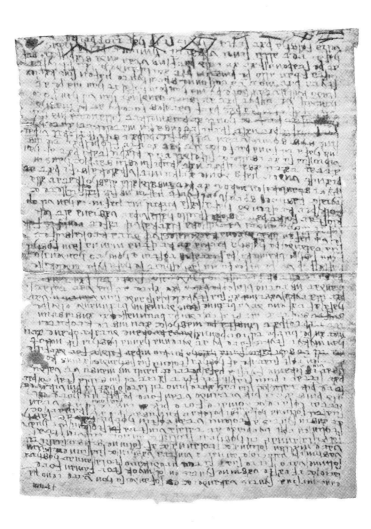

Birgittas eigenhändiges Manuskript mit schwedischem Text
von Offenbarung IV, 49

rückzukehren, nicht gehorcht. Von ihm sagt Christus: ,,Dieser Papst Innocentius ist von besserem Erz als seine Vorgänger, und er ist einer, dem die besten Farben zukommen sollten; aber die Bosheit der Menschen fordert, daß er sehr schnell aus ihrer Mitte weggenommen wird. Sein guter Wille soll ihm als Krone und zur Vermehrung seiner Herrlichkeit angerechnet werden. Er würde aber noch besser werden, wenn er meine Worte zu hören bekäme, die dir eingegeben wurden; wer diese Worte ihm zutrüge, würde mit um so größerer Ehre gekrönt werden" (IV, 136).

Der Papst, dem zu begegnen Birgitta nach Rom eilt, der erste Papst, den sie von Angesicht zu Angesicht sehen sollte, ist Urban V., ein frommer Benediktinermönch, der Nuntius im Königreich Neapel war, bevor er der Nachfolger von Innocentius VI. wurde. Sicher hat Birgitta eine gewisse Vorkenntnis seiner Person gehabt, wenn nicht anders, dann vom Hörensagen. Mit welchem Jubel hat sie sich vorbereitet, den Stellvertreter Petri in der Stadt Petri zu begrüßen.

Birgitta richtet eine Offenbarung an den Papst, in der sie den Zustand der Kirche beschreibt und den Papst berät, wie er sein Leben gestalten soll. Merkwürdigerweise ist diese Offenbarung in Birgittas eigenem Entwurf enthalten, wie sie ihn aufgezeichnet hat (Autographie in der Königlichen Bibliothek, Stockholm), bevor er für die endgültige Fassung bearbeitet wurde (IV, 49). Birgitta meint, sie wäre im großen Saal eines Palastes: am weitesten vorne sieht sie einen sehr großen Stuhl, von dem Strahlen auf zwei leere Kanzeln, die eine an der rechten und die andere an der linken Wand, ausgehen. Nach der Begrüßung der Sonne als König, Schöpfer, Erlöser und Richter entspinnt sich ein Zwiegespräch zwischen den beiden Kanzeln. ,,O, Herr, dein Statthalter, der an deiner Stelle sitzt, hat den Stuhl auf seinen alten Platz, Rom, gestellt. Da liegen die Leiber des ersten Papstes Petrus und die von Paulus und vieler auserwählter Gottesfreunde."

„Die Ankunft des Stuhles in Rom gefällt Gott, aber es ekelt ihn der Abbruch und das Verderben seiner heiligen Kirche sehr an, denn ihre Tür beugt sich etwas mehr, als sie es dürfte, zur Erde, die Scharniere sind so lang gestreckt, wie es geht und keineswegs gekrümmt, der Fußboden ist ganz und gar aufgegraben, so daß tiefe Löcher entstanden sind, die keinen Boden haben, von der Decke tropfen Schwefeltropfen mit einem brennenden Feuer, das übel qualmt . . .“

Man sieht bei diesen Worten eine der vielen verfallenen und verlassenen Kirchenruinen der Stadt vor sich. Dann folgt eine Auslegung: Die Tür ist ein Bild für den Papst: er soll seine Hofhaltung beschneiden und die Lust seiner Liebe von allen vergänglichen Dingen abwenden: „Dann wird die Tür der heiligen Kirche von der Erde gehoben . . .“ Mit den Scharnieren sind die Kardinäle gemeint, die dem Papst zur Hilfe sein sollten. Sie sind jetzt ausgestreckt und damit unbrauchbar aufgrund ihrer Hoffart, Habsucht und Lust zum Vergnügen ihres eigenen Leibes. Der Papst aber sollte die Scharniere zurechtbiegen, er sollte sie mit der Zange biegen und mit dem Hammer schlagen, d. h. er muß die Kardinäle mit milden Worten, frommen Ratschlägen und väterlicher Liebe auf bessere Gedanken bringen und, wenn es sich als notwendig erweist, strengere Maßregeln ergreifen, damit sie wieder Scharniere der heiligen Kirche werden. Mit dem aufgegrabenen Fußboden sind die Bischöfe gemeint, mit dem tropfenden Dach die entarteten Klosterleute. Überall sollte der Papst eingreifen, verbessern und instandsetzen.

Aus einer der folgenden Offenbarungen erfahren wir, daß der Papst Birgitta und ihre Botschaft mit aufmunternden Worten aufgenommen hat. Birgitta hat dem Papst die von Christus diktierte Ordensregel überreicht, um sie anerkannt zu bekommen. Sie hat für die neue Klosterstiftung in Vadstena die denkbar größte Ablaßvergünstigung in der Kirche erbeten, denselben Ablaß, der denen zugesichert wurde, die an bestimmten Feiertagen die Kirche San Pietro in Vincoli (wo die Fesseln verwahrt werden, die der Apostel Petrus im Gefängnis getragen hat) besuchten. Eine solche Ablaßvergünstigung bedeutete das größte Prestige für das Kloster als Wallfahrtsort und gleichzeitig eine sehr wichtige Erwerbsquelle durch die besuchenden Pilger.

Gottes Sohn spricht: ,,Wer ein Garnknäuel hat, in dem das beste Gold verborgen ist, hört nicht auf, es abzuwickeln, bis daß er das Gold gefunden hat. Hat er es gefunden, dann verwendet er es zu seiner Ehre und zu seinem Nutzen. So ist dieser Papst Urban wie Gold, das zu guten Dingen zu gebrauchen ist, aber er ist von weltlichen Sorgen umgeben (gleichwie das Gold vom Garnknäuel). Geh deshalb hin und sag ihm in meinem Namen: ,Deine Zeit ist kurz. Stehe auf und achte darauf, daß die Seelen, die deiner Pflege anvertraut sind, gerettet werden. Ich habe dir die Regel des Klosters gesandt, das an dem Ort Vadstena in Schweden gestiftet und begonnen werden soll und dessen Regel ich mit eigenem Munde diktiert habe. Nun will ich, daß du, der du mein Statthalter auf Erden bist, dies nicht nur mit deiner Vollmacht bestätigst, sondern auch mit deinem Segen stärkst. Ich habe diese Regel vorbuchstabiert und dieses Kloster mit geistlichen Gaben ausgerüstet, als ich ihm den Ablaß verlieh, der in der Kirche San Pietro in Vincoli zu Rom gewonnen werden kann. Du mußt also vor den Menschen bestätigen, was vor meiner himmlischen Heerschar schon bestimmt ist. Wenn du aber ein Zeichen dafür haben möchtest, daß ich es bin, der hier spricht, dann hast du ein solches Zeichen schon bekommen; denn als du zum ersten Mal (durch Birgitta) meine Worte hörtest, wurde deine Seele bei der Ankunft meines Gebotes geistlich getröstet. Wenn du darüber hinaus noch ein Zeichen begehrst, wird es dir ge-

geben werden, aber nicht wie das des Propheten Jona.'
Aber du, meine Braut, der ich diese Gnade erwiesen habe,
sollst wissen, daß, wenn du nicht den Brief und die Gunst
und das Bewilligungssiegel für diesen Ablaß vom Papst erhalten kannst, ohne dafür bezahlen zu müssen, so sollst du
dir an meiner Gnade genügen lassen. Ich werde nämlich
mein Wort bestätigen und bekräftigen, und alle Heiligen sollen dabei meine Zeugen sein. Meine Mutter soll für dich ein
Siegel und mein Vater eine Bekräftigung sein, und mein
Geist soll alle trösten, die zu deinem Kloster kommen"
(IV, 137).

Birgitta spricht als eine Gesandtin Gottes mit Macht und
Vollmacht. Der Papst braucht nur zu bestätigen und zu bekräftigen, was im Himmel schon bestimmt ist. Birgitta
braucht mit dem Heiligen Stuhl um die Ablaßvergünstigung,
die sie für ihr Kloster erbeten hat, in keiner Weise zu
handeln.

In der päpstlichen Kurie hat man das Latein der einge-
reichten Ordensregel als allzu holperig und altertümlich befunden – Birgittas Beichtväter waren offensichtlich nicht vertraut mit dem Latein, das an dem humanistisch gebildeten
päpstlichen Hof in der Mitte des 14. Jahrhunderts praktiziert
wurde. Birgittas Freund, Niccolo Orsini, erbietet sich aber,
die Übersetzung zu überprüfen und eine bessere Fassung
zu erarbeiten. Dieser Niccolo Orsini, der Statthalter des
Papstes in Perugia war, war ein wertvoller Verbündeter.

Es gab aber auch andere Schwierigkeiten. Die neue Ordensregel war für ein Kloster geschrieben, in dem sowohl
Männer als auch Frauen wirkten. Solche Klöster hatte es in
der Kirche zwar vor langer Zeit gegeben, die Stiftung solcher Klöster war jetzt aber seit mehr als hundert Jahren ver-
boten. Außerdem gab es schon so viele Orden in der Kirche,
daß die Stiftung weiterer nicht für nötig befunden wurde. Alle
nur denkbaren geistlichen und praktischen Bedürfnisse wa-

ren in Einrichtungen dieser Art in den schon bestehenden Orden berücksichtigt. Auf dem Laterankonzil im Jahre 1215 war ein Beschluß gefaßt worden, daß keine neuen Orden gestiftet werden sollten, und dieser Beschluß war auf dem Konzil in Lyon 1274 bekräftigt worden.

Wie aber sollte Birgitta auf Synoden und Konzilien Rücksicht nehmen, wenn der Sohn Gottes selbst ihr seinen Willen mitteilte? Birgitta sucht Unterstützung beim Kaiser des Heiligen Römischen Reiches, der Christi Stellvertreter auf Erden ist, wenn es um weltliche Dinge geht. Das geschieht in einer Offenbarung, die folgendermaßen lautet: ,,Christus sprach zur Braut und sagte: ,Schreib in meinem Namen folgende Worte an den Kaiser: Ich bin das Licht, das das All erleuchtete, als es von der Dunkelheit bedeckt war. Ich bin auch das Licht, das in seiner Gottheit unsichtbar ist, sich in seiner Menschlichkeit aber sichtbar zeigte. Ich bin auch das Licht, das dich (den Kaiser) als ein besonderes Licht in die Welt stellte, damit man in dir größere Gerechtigkeit finden sollte als in anderen und damit du alle zur Gerechtigkeit und Frömmigkeit hinführen solltest. Ich, das wahre Licht, mache also dir, den ich den kaiserlichen Thron besteigen ließ, bekannt: Da es mir so gefällt, spreche ich durch eine Frau Worte meiner Gerechtigkeit und meiner Barmherzigkeit. Nimm deshalb die Worte der Bücher an, die diese Frau nach meinem Diktat schrieb, prüfe sie und arbeite daran, auf daß meine Gerechtigkeit gefürchtet und meine Barmherzigkeit weise erstrebt werde. Du, der du die Kaiserwürde innehast, sollst auch wissen, daß ich, der Schöpfer aller Dinge, zur Ehre meiner hochgeliebten jungfräulichen Mutter eine Regel für Nonnen diktiert habe und sie der Frau vermittelte, die dir schreibt. Lies sie daher durch und dringe beim Papst darauf, daß diese von mir persönlich diktierte Regel von ihm, der mein Stellvertreter auf Erden ist, auch unter den Menschen anerkannt werden möchte, nachdem Gott sie vor meiner himmlischen Heerschar anerkannt hat'' (VII, 51).

Der fromme Kaiser Karl hatte Rom als demütiger Pilger zum Osterfest 1355 besucht und war am Osterfeiertag in der Peterskirche von dem damaligen päpstlichen Legaten, dem Kardinal von Ostia, gekrönt worden. Nach einem Triumphzug zum Lateran hatte er noch am selben Abend die Stadt verlassen.

Jetzt aber kam er im Oktober 1368 an der Spitze einer Eskorte von tausend Reitern zurück. Am 21. Oktober hieß ihn der Papst auf dem Monte Mario in der Heiligen Stadt willkommen. Sobald Karl den Papst erblickte, sprang er von seinem Pferd und ging, indem er das Reittier des Papstes am Zaumzeug führte, zu Fuß bis zur Peterskirche, wo er als Diakon an der folgenden Messe teilnahm. Am 1. November wurde dann die feierliche Krönung Kaiser Karls und seiner Kaiserin vollzogen.

Das waren Triumphtage für Birgitta. Wie war sie doch von ihren wohl informierten Zeitgenossen mild belächelt worden, als sie vor fast zwanzig Jahren davon gesprochen hatte, sie wolle den Papst und den Kaiser in Rom treffen. Nun war ihr Traum, ihre Voraussage, in Erfüllung gegangen. Der Kaiser blieb in Rom bis Neujahr 1369, und nach den Angaben des Vadstena-Diariums sollen Karl und Birgitta persönlich zusammengetroffen sein.

In der zweiten Hälfte des Jahres 1369 erlebte Birgitta die Freude, daß ihre Söhne Karl und Birger sie in Rom besuchten. Im Spätherbst, im November, bricht sie zum zweiten Mal zu einer Pilgerfahrt auf, und zwar nach S. Angelo auf dem Monte Gargano und S. Nikolaus in Bari – dieses Mal ganz deutlich, um auch ihre Söhne zu diesen gesegneten Orten zu führen. In der Reisegesellschaft befindet sich auch der neuerworbene Freund Birgittas, der Spanier Alfons Pecha de Vadaterra. Im Jahr zuvor hatte Alfons sein Bischofsamt in Jean in Andalusien niedergelegt, nachdem das Bistum in maurische Hände gefallen war, und war nach Italien gekommen, wo er offensichtlich Freunde unter den Eremiten auf dem Berge Monteluco bei Spoleto hatte. Einer der dortigen Brüder hat Alfons von den beiden schwedischen Frauen, Birgitta und Katarina, und ihrem Pilgerleben in Rom erzählt. Alfons wird nun zu einem der treuesten Begleiter Birgittas während ihrer letzten Lebensjahre und ihr Beichtvater neben dem Prior Petrus und dem Magister Petrus. Alfons war offensichtlich im Lateinischen besser geschult als die beiden schwedischen Beichtväter und er erhält das Vertrauen, die endgültige Redaktion der Offenbarungen vorzunehmen: ,,Gottes Sohn spricht . . . Jetzt sollst du alle Offenbarungsbücher mit diesen meinen Worten, damit sie in mehrere Sprachen übertragen werden möchten, meinem Einsiedlerbischof übergeben, der den katholischen Sinn meines Geistes zusammenschreiben, klarlegen und festhalten soll . . . Gleichwie dein Herz nicht immer imstande ist, das, was du empfindest, warm genug auszusagen und zu schreiben, sondern du es in deinem Sinn erwägst, dann schreibst und dann wieder umschreibst, bis der richtige Inhalt meiner Worte herauskommt, so stieg und sank mein Geist bei den Evangelisten und Lehrern; denn manchmal brachten sie etwas heraus, was berichtigt werden mußte, und manchmal etwas, was wieder behandelt werden mußte, und manchmal wurden sie von anderen gerichtet und getadelt, und doch sollten danach noch wieder andere kommen, die ihre Worte feiner durchdachten und klarer auslegten. Trotzdem war es mein Geist, der allen meinen Evangelisten die Worte eingab, die sie sprachen und schrieben. Sag es demselben Eremiten weiter, daß er das Amt des Evangelisten ausführt und erfüllt'' (Extrav. 49).

Im Sommer 1370 war Birgitta in Montefiascone, der Sommerresidenz des Papstes am Bolsenasee. Birgitta blieb dort drei Monate, d. h. solange die Verhandlungen über die Klosterregel dauerten. In ihrer Begleitung hatte sie den Bischof Alfons, und Niccolo Orsini war ebenfalls zugegen und fungierte als Dolmetscher. Die Regula Sanctissimi Salvatoris wurde anerkannt, aber als ein Anhang zur Augustinerregel, der das Kloster Birgittas folgen sollte. Die Anlage in Vadstena sollte die Form eines Nonnenklosters mit daran angeschlossenem Mönchskloster erhalten. Die Bulle über diesen Beschluß, die vom 5. August 1370 datiert war, war an den Erzbischof in Uppsala und an die Bischöfe in Strängas und Växjö gerichtet; sie wurde an Niccolo Orsini ausgehändigt. Die erbetene Ablaßvergünstigung für das Kloster war darin überhaupt nicht erwähnt.

Während ihres Aufenthaltes in Montefiascone erfährt Birgitta, daß Urban nicht an eine Rückkehr nach Rom denke. Nach mehrjähriger Erfahrung in der Heiligen Stadt hat sich der Papst entschlossen, ihr endgültig den Rücken zu kehren und sich aufs neue in seiner französischen Heimat in der sicheren Festung von Avignon niederzulassen. Für Birgitta steht das im Widerstreit zu Gottes Willen und ist gleichbedeutend mit dem schändlichsten Verrat.

Die Jungfrau Maria gibt Birgitta eine Offenbarung ein, die Urban auf bessere Gedanken bringen soll:

,,Nun sollst du hören und genau acht auf das geben, was ich dir von meinen beiden Söhnen sagen will. Der erste ist mein Sohn Jesus Christus, der von meinem jungfräulichen Fleisch geboren wurde, damit er seine Liebe offenbare und die Seelen erlöse. Um ihretwillen ersparte er seinem Leibe keine Mühen und seinem Blut nicht, vergossen zu werden, und verschmähte es auch nicht, Schmähungen zu hören und sich der Qual des Todes zu unterwerfen. Er ist Gott selbst und ist allmächtig in der ewigen Freude.

Der andere, den ich als meinen Sohn ansehe, ist der, der auf dem päpstlichen Stuhl, nämlich dem Sitz Gottes in der Welt, thront, wenn er den Geboten Gottes gehorcht und ihn mit vollkommener Liebe liebt. Ich will jetzt etwas über den

Papst sagen, der Urban heißt. Durch meine Fürbitte erhielt er die Eingebung des Heiligen Geistes, durch Italien zu reisen und sich nach Rom zu begeben, und das in keiner anderen Absicht als der, dort Recht zu sprechen, Barmherzigkeit zu üben, den katholischen Glauben zu stärken, den Frieden zu sichern und in solcher Weise die heilige Kirche zu erneuern. Wie eine Mutter ihrem kleinen Sohn die Brust zeigt, um ihn dorthin zu führen, wohin sie es will, so habe ich mit meiner Fürbitte und mit dem Werk des Heiligen Geistes den Papst Urban von Avignon nach Rom geführt, ohne daß die geringste körperliche Gefahr für ihn damit verbunden gewesen wäre. Aber was hat er mir angetan? Er wendet mir jetzt den Rücken und nicht das Gesicht zu und will fort von mir; dazu spornt ihn der böse Geist mit seiner Falschheit an, da er göttlicher Arbeit abgeneigt ist und seine körperliche Bequemlichkeit liebt. Und der Teufel lockt ihn mit weltlichem Genuß, denn seine Heimat ist ihm, wie es unter Weltmenschen üblich ist, über die Maßen begehrenswert. Er wird außerdem vom Rat fleischlicher Freunde verführt, die mehr auf seine Meinung und seinen Willen als auf Gottes Ehre und Willen und die Vervollkommnung und Erlösung seiner eigenen Seele achten. Wenn es nun geschieht, daß er in das Land zurückkehrt, in dem er zum Papst gewählt wurde, so soll er bald genug einen Schlag oder einen Backenstreich erhalten, so daß die Zähne knirschen oder ausgeschlagen werden. Sein Sehvermögen soll dämmrig und dunkel werden, und alle Glieder seines Körpers sollen zittern. Bald wird die Glut des Heiligen Geistes in ihm erkalten und ihn verlassen. Die Freunde Gottes, die versprochen haben, mit Tränen und Rufen für ihn zu beten, werden müde werden; ihre Herzen werden in ihrer Liebe zu ihm erkalten, und aus zwei Gründen wird er gezwungen werden, Rechenschaft vor Gott abzulegen: teils für alles, was er auf dem päpstlichen Thron unternahm, teils für alles, was er in seiner hohen

Majestät zur Ehre Gottes hätte tun können, aber nicht tat''
(IV, 138).

Bischof Alfons hält es aber für unmöglich, dem Papst eine
so ehrenrührige und drohende Offenbarung vorzulegen,
und auch der Kardinal Pierre de Beaufort, dem er den Text
zeigt, sieht sich nicht in der Lage, eine Botschaft dieses
Inhaltes weiter zu befördern. Birgitta aber ist unbeugsam:
sie tut es selbst – in einer persönlichen Audienz beim Papst.

Was hat er wohl gedacht, der fromme Benediktinermönch, als er der gealterten Frau aus dem fernen Norden
zuhörte, die in ihrem gebrochenen Latein zu ihm im Namen
der Gottesmutter sprach? Die schlanke Gestalt in dem
schwarzen, geflickten und zerschlissenem Pilgermantel
stand da so demütig und unbeugsam, so spröde und so
stark vor ihm. Fühlte er eine Unruhe, einen Stich im Herzen,
eine widerwillige Bewunderung dieser Glaubensglut, dieses unerschrockenen Mutes? Wurde er von einem Mitge-
fühl vor der Leidenschaft der prophetischen Überzeugung
ergriffen, die aus den milden, müden Augen leuchtete?

Urban änderte seine Reisepläne nicht. Am 16. September
betrat er wieder den Boden Frankreichs. Einige Zeit nach
der Ankunft in Avignon aber erkrankte der Papst und am
19. Dezember war er tot.

Nach Urbans Tod hat Birgitta eine Offenbarung über die
Seele des Papstes im Fegefeuer, wo er aus drei Gründen
festgehalten wird: teils, weil er einen Ungehorsam gegen
Gott und sein Gewissen begangen hat, den er später bereute, teils, weil er allzu freigiebig mit Dispensen gewesen war
und weil er es, um sie nicht zu verletzen, unterlassen hatte,
die zurechtzuweisen, die er gern hatte. ,,Doch sollst du wissen, daß diese Seele nicht zu denen gehört, die zur Hölle
fahren, und auch nicht zu denen, die von den schwersten
Fegefeuerstrafen getroffen werden, sondern zu denen, die
täglich näher auf das Angesicht der Majestät des allmäch-

tigen Gottes hineilen, um seine Gnade zu genießen"
(IV, 144).

Zum Heiligen Land

Birgittas Auftrag in Rom ist nun nahezu beendet. Der Kardinal Pierre Roger de Beaufort, den Birgitta kannte, ist zum Nachfolger Urbans auf dem päpstlichen Stuhl ausersehen und hat den Namen Gregorius XI. angenommen. Birgitta hat gute Hoffnung, daß er endlich die definitive Rückverlegung des päpstlichen Stuhles von Avignon nach Rom verwirklichen wird. Nun ist es an der Zeit für Birgitta, ihre unterbrochene Pilgerfahrt wieder aufzunehmen, deren äußerstes Ziel das Heilige Land ist und immer war.

Nun soll das Gelübde der Vision in Arras, wie es im Gelübde während der Vision auf dem Ritt nach Vastena wiederholt wurde, eingelöst werden. Als Birgitta zu Anfang ihres Aufenthaltes in Rom einmal über die Jungfrauengeburt meditierte, hatte die Jungfrau Maria sie mit folgenden Worten erfreut: „Da du mich mit einer so grenzenlosen Liebe liebst, will ich dir verkünden, daß du zur heiligen Stadt Jerusalem wallfahrten sollst, wenn es meinem Sohn gefällt, und von dort nach Bethlehem; dort werde ich dir an der rechten Stelle zeigen, wie alles zuging, als ich meinen Sohn Jesus Christus gebar, denn so hat er es gewollt" (VII, 1).

Jetzt war der Augenblick gekommen. Als Birgitta am St.-Urbans-Tag im Mai 1371 im Gebet versunken war, hörte sie die Stimme Christi: „Macht euch nun fertig, nach Jerusalem zu wallfahrten, um mein Grab und andere heilige Stätten, die es dort gibt, zu besuchen. Ihr sollt Rom verlassen, wenn ich es sage" (VII, 6). Nun aber fühlt sich Birgitta alt und müde.

130

Im späteren Verlauf des Jahres kommt der Befehl: ,,Reise nun von Rom nach Jerusalem! Warum schützest du dein Alter vor? Ich bin der Schöpfer der Natur. Ich kann die Natur schwächen und stärken, wie es mir gefällt. Ich werde mit euch sein, euren Weg bestimmen, euch von Rom weg- und wieder zurückführen und euch mit allem Notwendigen versehen, ja, reichlicher, als ihr es je gehabt habt'' (VII, 9).

Die Reise wurde aber zu einem großen Abenteuer und einer schweren Strapaze. Birgittas Söhne, Karl und Birger, kommen von Schweden, um ihre Mutter zu begleiten. Auf ihre frohe Ankunft fällt aber ein Schatten. Birgitta sieht, daß Karl, ihr Lieblingssohn, von Krankheit gezeichnet ist. Sie legt die Hand auf sein Herz und bricht in die Worte aus: ,,O, dieses Herz!'' Dann zieht sie sich schnell in ihre Kammer zurück, um zu beten. Kurz danach bekommt Karl einen Blutsturz. Er gesundet zwar wieder, Birgitta aber weiß, daß es nur ein kurzer Aufschub ist. Als Bischof Alfons seine ganze Bibliothek einzupacken beginnt, um sie mit auf die Reise zu nehmen, bittet Birgitta ihn, sich mit einigen wenigen Büchern zu begnügen – wir kommen ja nach Rom zurück, sagt Birgitta eindringlich. Alle außer einem, fügt sie mit Trauer in der Stimme hinzu.

Am Ende des Jahres 1371 schreibt Birgitta einen Brief an Gomez de Albornoz, den Statthalter des Papstes über das Herzogtum Spoleto. Gomez hatte sie um Rat gefragt und gebeten, als Birgittas geistlicher Sohn angesehen zu werden.

,,Liebster Herr und innerlich geliebter Sohn!

Ich habe einen Brief von Euch bekommen, der mir großen Trost und innerlichen Herzensfrieden gegeben hat. Denn aus seinem Inhalt erkenne ich, daß Euer Herz die Heimsuchung des Heiligen Geistes empfangen hat, und deshalb gebührt dem Heiligen Geist von ganzem Herzen Ehre und Danksagung. Deshalb sollt Ihr und Eure geistlichen Freunde

Gott bitten, daß die heilige Gnade, deren Eingießung in Eure Seele begonnen hat, wachsen und anhalten möge. Ich rate Euch, daß Ihr Euer Herz in der Furcht Gottes befestigt und Euren Sinn so einrichtet, daß Ihr wirklich Gott die Mühen opfert, die Ihr in Eurem Amt auszustehen habt, ja, daß Ihr in diesem Amt Euch lieber für Christus, den höchsten Bischof, für ihn, der im Himmel ist, anstrengt als für den Papst oder irgendeinen anderen zeitlichen Herrscher, indem Ihr Gottes Freundschaft mehr als alle Gaben und zeitlichen Vergütungen erstrebt, die der Papst Euch als Lohn für die Mühe verleihen könnte . . .

In Eurem Brief bittet Ihr, ich möchte Euch irgendein frommes Gebet senden. Darauf antworte ich, daß das nicht in meiner Macht steht. Außerdem fehlt mir die Zeit, da ich zur Abreise nach Neapel bereitstehe. Wenn es aber Gott gefällt, daß ich einige Zeit in Neapel bleibe, will ich mit Gottes Hilfe ein Gebet für Euch schreiben. Trotzdem rate ich Euch, kein Gebet williger als das Vater Unser zu beten, das Gebet, das uns auf liebevolle und himmlische Weise durch den teuren Mund Jesu Christi mitgeteilt worden ist, wenn manchmal auch andere Gebete nützlich sind, um Andacht im Herzen zu erwecken. Ein einziges kurzes Gebet will ich Euch aber jetzt schon schicken, das Ihr willig, in demütiger Ehrfurcht und tiefer Andacht beten sollt, vor allem, wenn Christi Leib auf dem Altar konsekriert wird. Das Gebet lautet so:

O, mein Herr, mein Gott, mein Schöpfer und Erlöser, ich unwürdiger Sünder bitte dich durch dieses große, bewundernswerte Werk deiner Barmherzigkeit — die Verwandlung von Brot in deinen wahren Leib und des Weines und Wassers in dein Blut zu unserer ewigen und höchst heilsamen Erquickung — daß du meinen Willen vollständig umkehren möchtest, daß er ganz und gar dein Wille werde, so daß ich stets und in meinem ganzen Leben das tun kann, was dir wohlgefällig ist, in Gedanken, Worten und Werken. Amen.

Ebenso hast Du, mein innerlich geliebter Sohn, mich in Deinem Brief gebeten, ich solle Dich ganz und gar als meinen geistlichen Sohn annehmen. Darauf antworte ich: gleichwie ich meine beiden Söhne und meine Tochter mit mir führe, so nehme ich Euch zum Sohn, und wohin ich immer reise, werde ich Euch, in mein Herz als meinen Sohn eingeschlossen, immer mit mir führen, so daß Ihr meines unwürdigen Gebetes und meiner Pilgerfahrt teilhaftig werdet. Von dieser Pilgerfahrt über das Meer hin denke ich zurückzukehren, sobald es eben möglich ist, und wenn ich zurückkomme, werde ich Euch gleich meine Ankunft mitteilen. Meine Söhne, mein Beichtvater und meine Tochter empfehlen sich Euch demütig. Bete für uns, mein Sohn, und bedenke immer fleißiger das Leiden Christi und den Schmerz seiner tiefbetrübten Mutter."

Am Morgen des 25. November 1371 verließen Birgitta und ihre Reisegesellschaft Rom und schlugen die südliche Richtung nach Neapel ein. Außer den Söhnen und der Tochter Katarina wurde Birgitta von den schwedischen Beichtvätern, dem Prior Petrus und dem Magister Petrus, vom Bischof Alfons, von den Hauskaplänen Gudmar Fredriksson und Magnus Petrusson und von den beiden Spanierinnen Elvira und Praxedis begleitet.

In Neapel konnte Birgitta nun ihre beiden Söhne der Königin Johanna vorstellen. Die leichtsinnige Königin fand Gefallen an Karl. Diese Verbindung verursachte Birgitta viele Schmerzen; das Liebesmärchen dauerte aber nicht lange. Ende Februar wurde Karl krank und am 12. März war er tot. In Santa Croce wurde eine großartige Beerdigung angeordnet, und Johanna und ihr Hof weinten und klagten über den Tod des schwedischen Edelmannes. Birgitta aber saß wie abwesend da. Sie erhob die Hände, dankte und pries Gott und sagte: „Gehe, mein Sohn, du Pilgrim, von Gott und von mir gesegnet." Als die Gräfin von Ariano sich über ihre Art, an der Trauerfeier teilzunehmen, verwunderte und fragte, ob sie den Tod ihres Sohnes nicht betrauere, antwortete Birgitta ohne Umschweife: ,,Nein – nicht einmal, wenn ich wüßte, daß er Herrscher über die ganze Erde werden sollte, würde ich ihn ins Elend dieses Lebens zurückwünschen.''

Lange aber sollte Karls jenseitiges Schicksal Birgittas Gedanken beschäftigen. Schon kurz nach dem Tode Karls wurde Birgitta von der Jungfrau Maria getröstet, die ihr erzählte, daß sie selbst bei der Lösung der Seele vom Leibe geholfen und sie vor den Richter geführt habe. In einer großen Vision hat Birgitta die Seele Karls vor dem Gericht geschildert. Als ein kleines, nacktes, neugeborenes Kind und gleichsam völlig blind steht die Seele ängstlich und zitternd zwischen einem Engel und einem Teufel. Der Teufel spricht anklagend zur Jungfrau Maria: ,,Weshalb jagtest du uns Dämonen alle von seinem Körper fort, als ihn die Seele verlassen sollte, so daß ihm keiner Furcht einjagen und ihn erschrecken konnte?''

,,Das tat ich um der brennenden Liebe willen, die er zu mir hegte'', sagt die Jungfrau Maria, ,,und wegen der Freude, die er darüber empfand, daß ich Gottes Mutter bin.''

Da wendet sich der Teufel an den Richter und sagt, er habe alle Sünden Karls aufgeschrieben. ,,Denn sobald diese Seele ins Alter der Unterscheidung kam, so daß sie richtig verstand, was Sünde war, da wurde sie vom eigenen Willen gezogen, lieber in weltlicher Hoffart und fleischlichen Genüssen zu leben, als diesem allem zu widerstehen.''

Da greift der Engel ein: ,,Sobald seine Mutter verstand, daß sein Wille der Sünde zugeneigt sei, kam sie ihm mit Werken der Barmherzigkeit und täglichen Gebeten zu Hilfe, damit sich Gott seiner erbarmen möge . . . und so kam er zur Gottesfurcht, daß er gleich zur Beichte ging, wenn er in Sünde gefallen war.''

Der Teufel antwortet: „Es kommt mir zu, seine Sünden zu berichten!" Im selben Augenblick aber fängt er an, zu schreien, zu weinen und zu zittern, so groß er auch immer ist. „Weh' mir, Elendem! Meine lange Arbeit ist vertan! Nicht nur der Text ist fort, sondern auch das Material, auf das er geschrieben war, ist verbrannt."

Der Engel erklärt: „Es waren die Tränen seiner Mutter, ihre geduldige Arbeit und ihre vielen Gebete, die das zustandegebracht haben. Der mitleidvolle Gott hörte ihre Klage und gab ihrem Sohn die Gnade, daß er jede Sünde, die er beging, so bereute, daß er sie aus Liebe zu Gott demütig beichtete. Deshalb sind diese Sünden aus deinem Gedächtnis verschwunden."

In dem Dialog, der zwischen dem Engel und dem Teufel folgt, steht der letztere immer auf verlorenem Posten. Wenn aber nichts mehr übrigbleibt, will der Teufel wenigstens die Erlaubnis erhalten, die Seele des Ritters wegen Unterlassung guter Werke und Tugenden zu plagen.

Der Engel sagt: „Es steht geschrieben, daß dem, der betet, gegeben werden soll, und dem, der beharrlich anklopft, aufgetan werden soll. Hör also, du Teufel: seine Mutter hat über dreißig Jahre lang durch liebevolle Gebete und Werke der Frömmigkeit beharrlich an die Pforte der Barmherzigkeit für ihn geklopft und viele tausend Tränen vergossen, damit Gott geruhe, seinen Heiligen Geist in sein Herz einzugießen und es ihrem Sohn einzugeben, daß er mit frohem Sinn seinen Besitz, seinen Leib und seine Seele im Dienste Gottes anwendet. Das tat Gott auch, denn der Ritter wurde so brennend im Geist, daß es ihm keine Freude machte, für etwas anderes als die Erfüllung von Gottes Willen zu leben. Da Gott solange angerufen wurde, goß er seinen gesegneten Geist in sein Herz, und die jungfräuliche Gottesmutter gab ihm an Kraft, was ihm an geistlicher Bewaffnung und Bekleidung fehlte, wie sie den Rittern zukommt, die im Himmelreich vor den höchsten Herrscher treten sollen. Die Heiligen im Himmelreich, die der Ritter zu seinen Lebzeiten besonders liebte, erfreuten ihn mit ihren Verdiensten, und er selbst sammelte einen Schatz, wie die Pilger tun, die täglich vergänglichen Besitz gegen ewige Reichtümer eintauschen. Da er das tat, empfing er ewige Freude und ewige Ehre; besonders wegen der brennenden Sehnsucht, mit der er zur heiligen Stadt Jerusalem wallfahrten wollte, und weil er so innig wünschte (wenn er es nur gekonnt hätte), sein Leben im Krieg dafür zu wagen, daß das Heilige Land wieder unter christliche Herrschaft käme und das ehrenreiche Grab des Herrn in rechter Ehrfurcht gepflegt würde. Deshalb hast du, Teufel, kein Recht, für das, was er nicht zu vollbringen vermochte, Forderungen zu erheben" (VII, 13).

Birgitta hat sich auf die Macht der Fürbitte verlassen; Gewißheit über das Schicksal des Lieblingssohnes sollte sie aber erst an dem Tage gewinnen, an dem sie in die Kirche des Hl. Grabes in Jerusalem eintrat.

Am 14. März begann die Segelfahrt von Neapel aus. Die Überfahrt würde stürmisch und schwierig. Nach fünftägigem Warten auf günstigen Wind in Messina wurde das Schiff vom Wind an die Insel Cefalonia an der Westküste Griechenlands getrieben. In weiteren Stürmen verlor der Schiffer aufs neue den Kurs und kam schließlich nach Kos, nördlich von Rhodos. Am 8. April wurde die Reise nach Zypern fortgesetzt, erst nach Paphos, und einen Tag später konnten die Passagiere in Famagusta an Land steigen.

Auf Zypern regierte damals die Königin Eleonora (von Aragonien), da ihr Sohn noch minderjährig war. Sie wünschte den Rat Birgittas sowohl in persönlichen Angelegenheiten als auch für die Regierung des Reiches und die Erziehung ihres Sohnes. Birgitta wurde auf die Sommerresidenz der Königin in Nikosia eingeladen, und die Königin rief ihre Getreuen zusammen, damit sie Birgittas Verkündigung hören sollten. Birgitta verkündigte das Strafgericht des Herrn über das zyprische Volk und versprach, im Heiligen Land für die Buße und Besserung dieses Volkes zu beten.

„Diese Stadt ist ein Gomorra; sie brennt im Feuer der Geilheit, des verschwenderischen Überflusses und der Eitelkeit. Deshalb werden ihre Mauern einstürzen, sie wird verlassen werden und veröden, und ihre Einwohner werden auswandern, sie werden vor Trauer und Betrübnis seufzen und sterben. Und ihre Schande wird in vielen Ländern besprochen werden, denn ich bin auf sie zornig" (VII, 16).

Die Posaune des Herrn erklang aber vor tauben Ohren. Einige machten sich lustig über Birgitta, und der Dominikanerbruder Simon sagte geradeheraus, was viele dachten: „Die Alte ist verrückt!" Es gab aber auch andere, die sich für Birgittas Botschaft und für ihre Mahnung zur Umkehr empfänglich zeigten. Der englische Haudegen William Williamson entschloß sich, Birgitta ins Heilige Land zu folgen; denselben Beschluß faßte der Beichtvater der Königin, der Franziskanerbruder Martin von Aragonien.

Bruder Martin war einer der Menschen, für deren Leben die Begegnung mit Birgitta von entscheidender Bedeutung wurde. Er war ein Karrieremacher am Hof der Königin, eitel und gewinnsüchtig; jetzt aber besann er sich auf sein Ordensgelübde, das ihn zur Demut und Armut in der Nachfolge des Hl. Franziskus verpflichtete. Bruder Martin kam nun mit Birgitta nach Jerusalem und sollte dem Heiligen Lande treu bleiben. Er beschloß seine Tage als Prior im Kloster zu Bethlehem (VII, 20).

Vielleicht empfing Birgitta auf Zypern die Offenbarung, die ergreifend und menschlich das Verhältnis zwischen der gealterten Birgitta und ihrem bedeutend jüngeren spanischen Beichtvater deutet. Die Jungfrau Maria sagt: „Mein Freund (Bischof Alfons) soll dich als seine Mutter, seine Herrscherin, seine Tochter und seine Schwester lieben: als seine

Herrscherin wegen der Gnade, die Gott dir dadurch erweist, daß er durch dich Geheimnisse seiner Weisheit offenbart – als seine Tochter darin, daß er dich unterweist und tröstet und mit dem versieht, was dir nützlich ist – als seine Schwester darin, daß er dich tadelt, wo es nötig ist, und dich mit Wort und Beispiel ermahnt und anspornt, immer vollkommener zu werden. Sag ihm auch, daß er wie derjenige sein soll, der die erlesensten Blumen, d. h. meine Worte trägt, die denen, die sie probieren, lieblicher wie Honig schmecken und schärfer, durchdringender wie Pfeile sind . . .'' (VII, 16).

Auf Zypern versuchten die Einwohner, Birgitta durch Erzählungen zu erschrecken, wie viele Gefahren den Pilgern im Heiligen Lande drohten. Sie und ihre Begleiter erhielten den Rat, ihre Gesichter schwarz zu machen und sich wie Muselmanen zu kleiden. Christus aber tröstet Birgitta: ,,Was riet man dir? Ihr solltet eure Bekleidung ändern und das Gesicht schwärzen? Sollte ich, Gott, der dir Befehle gibt, einer sein, der die Zukunft nicht kennt, oder wie ein Ohnmächtiger, der alles fürchtet? Mitnichten! Belaßt daher eure Bekleidung und eure Gesichter unverändert und vertraut euren Willen mir an. Ich, der Sarah von denen rettete, die sie gefangennahmen, werde auch euch beschützen, zu Wasser und zu Land, und ich werde für euch sorgen, wie es für euch am besten ist'' (VII, 16).

Die Segelfahrt von Zypern bis Jaffa war nicht lang, sie hätte aber beinahe mit einer Katastrophe geendet. Außerhalb des alten Hafens von Jaffa befanden sich als natürlicher Schutz Untiefen und ausgedehnte Felsenbänke. Birgittas Schiffer navigierte so ungeschickt, daß das Schiff auf die Felsen auflief, und alle Passagiere erhielten den Befehl, das Gepäck ins Meer zu werfen. Es brach eine Panik an Bord aus, Birgitta aber bewahrte ihre Ruhe und versicherte allen, die es hören wollten, daß keiner in diesem Schiffbruch sein

Leben verlieren werde. Wie sie gesagt hatte, so geschah es auch: alle kamen wohlbehalten an Land.

––––––––––

Birgitta kam mit ihrer Reisegesellschaft an einem Donnerstag, dem 11. Mai 1372, in Jerusalem an. Sie bezogen die alte verfallene Pilgerherberge, die an der Stelle des jetzigen Quartiers Muristan (arabische Bezeichnung für Krankenhaus) stand. Dieses Hospiz war im 11. Jahrhundert von Leuten aus Amalfi gegründet worden, wurde aber seit dem 12. Jahrhundert von den Johannitern betrieben. Von der Herberge sind es nur einige wenige Schritte zur Kirche des Heiligen Grabes.

Der Freitag ist der Tag des Leidens Christi, an dem Birgitta mit Wasser und Brot zu fasten und ihren Leib mit Tropfen brennenden Wachses zu kasteien pflegte. Freitags widmete sich Birgitta mehr als an anderen Tagen der Meditation des Leidens und Sterbens unseres Herrn Jesu am Kreuz. Bei mehreren Gelegenheiten hatte sie während der vergangenen Jahre ergreifende, dramatisch erschütternde Schilderungen der Geschehnisse auf Golgatha erhalten, und zwar von der Jungfrau Maria als auserwählter Zeugin, einer preisgegebenen Mutter mit blutendem Herzen, das vom unendlichen Schmerz der Trauer und des Mitleids durchstoßen war.

Wie muß Birgittas Herz vor Unruhe an diesem Freitagmorgen gezittert und in Demut und Andacht gebebt haben, wo sie nun ihre Schritte zur Kirche des Heiligen Grabes lenken konnte, um selbst den Hügel des Kalvarienberges zu besteigen.

Schon als Birgitta die Schwelle zur Pforte der Grabeskirche überschritt, fühlte sie, wie gleichsam eine Welle von reinigendem Feuer durch ihre Seele ging und ihr Herz sich mit Frieden füllte.

„Der Sohn spricht zu seiner Braut: Als ihr diesen Tempel, der von meinem Blut geheiligt ist, betratet, wurdet ihr so von allen euren Sünden gereinigt, als wäret ihr gerade eben aus der Taufe gehoben worden. Um eurer Mühen und eurer Frömmigkeit willen sind heute einige Seelen eurer Verwandten, die sich im Fegefeuer befanden, befreit worden und sind in den Himmel zu meiner Herrlichkeit gelangt. Denn alle, die an diesen Ort mit dem vollkommenen Willen kommen, sich nach bestem Wissen und Gewissen zu bessern, und nicht in ihre früheren Sünden zurückfallen wollen, erhalten vollständige Vergebung für alle alten Sünden, und ihre Gnade, im Guten weiterzuwachsen, wird vermehrt" (VII, 14).

Birgitta ist die kurze, steile Treppe zur Kapelle des Kalvarienberges, die ganz mit goldglühenden Mosaiken geschmückt ist, hinaufgestiegen. Ganz vorne an der Altarwand erhebt sich ein roher Felsenkamm mit dem Spalt, in dem das Kreuz Christi befestigt war.

Birgitta fällt auf ihre Knie. Mit Seufzen und Tränen meditiert sie das unverschuldete Leiden Christi. Plötzlich wird sie im Geist entrückt, die Umwelt verschwindet, sie sieht nur noch den Felsen, und das blutige Drama des Karfreitags entrollt sich vor ihrem inneren Blick.

„Als ich an dem Kalvarienberg trauerte und weinte, sah ich meinen Herrn, wie er nackt und gegeißelt von den Juden zur Kreuzigung geführt wurde. Sie bewachten ihn genau. Ich sah auch, daß ein Loch in den Berg gehauen war und daß die Büttel rund umher standen, bereit, ihre grausame Arbeit auszuführen. Der Herr aber wandte sich mir zu und sagte: ‚Gib genau acht, du, denn in dieser Bergspalte war der Fuß des Kreuzes in der Stunde meines Leidens befestigt!'

Und ich sah sofort, wie die Juden sein Kreuz in der Bergspalte mit Holzkeilen ringsherum befestigten, die sie mit Hämmern hineintrieben, damit das Kreuz feststehen und

nicht fallen sollte. Als das Kreuz in solcher Weise ganz fest-
gemacht war, legten sie sofort Holzplanken um den Stamm
des Kreuzes, so daß sie eine Treppe bildete bis hinauf zu
der Stelle, wo seine Füße festgenagelt werden sollten . . .
Danach gingen sie diese Treppe hinauf und führten ihn unter
gewaltigem Spott und Hohn mit sich, und er ging willig mit
wie ein sanftmütiges Lamm, das zur Schlachtbank geführt
wird. Als er nun dort oben auf dem Holzgestell stand,
streckte er gleich freiwillig und ungezwungen seinen Arm
aus, öffnete die rechte Hand und legte sie ans Kreuz. Die
wilden Quälgeister befestigten sie unglaublich grausam und
durchbohrten sie mit einem Nagel an der Stelle, wo der
Knochen am stärksten war. Dann zogen sie seine linke
Hand gewaltsam und mit Hilfe eines Strickes hinauf und befestigten sie in derselben Weise am Kreuz. Sie streckten
seinen Körper übermäßig, legten das eine Bein über das
andere und befestigten die zusammengelegten Füße mit
zwei Nägeln am Kreuz. Sie verzerrten seine ehrenreichen
Glieder am Kreuz so hart, daß fast alle Sehnen und Adern
brachen. Die Dornenkrone, die sie von seinem Haupt abge-
nommen hatten, bevor sie ihn kreuzigten, setzten sie nun
wieder auf sein allerheiligstes Haupt, und sie stach das ehr-
würdige Haupt so hart, daß sich die Augen mit fließendem
Blut füllten, die Ohren verschlossen und das Gesicht und
der Bart von dem rosenroten Blut gleichsam übergossen
und gefärbt wurde. Dann nahmen die Büttel und Kriegsleute
das Treppengestell schnell vom Kreuz weg, und da stand
nun das Kreuz, einsam und hoch, mit meinem gekreuzigten
Herrn daran.

Als ich überwältigt von Trauer ihre Grausamkeit sah, sah
ich seine niedergeschmetterte Mutter am Boden liegen, zitternd und wie halbtot. Johannes und seine Schwestern, die
zur Rechten nicht weit vom Kreuze standen, trösteten sie.
Der neue Schmerz, den ich im Mitleiden mit der allerheilig-

sten Mutter Christi empfand, ergriff mich so tief, daß es war, als sei ein scharfes Schwert mit grenzenloser Bitterkeit in mein Herz eingedrungen. Zuletzt stand sie, seine schmerz-erfüllte Mutter, auf, wie betäubt im ganzen Körper, und sah ihren Sohn an. Ihre Schwestern hielten sie aufrecht, und sie stand ganz wie gelähmt in ihrer Trauer, ja wie tot, vom Schwert des Schmerzes lebendig durchstoßen. Als ihr Sohn sie und ihre anderen Freunde weinen sah, befahl er sie mit trauriger Stimme Johannes an, und es war zu mer-ken, aus seinen Gebärden und aus seiner Stimme, daß das Mitleid mit seiner Mutter sein Herz mit dem scharfen Pfeil eines unendlichen Schmerzes durchbohrte.

Seine schönen, liebevollen Augen schienen nun halbtot, der Mund war geöffnet und blutig, das Gesicht bleich und eingefallen, blau verfärbt und vom Blut verhüllt, und der ganze Körper war blau, bleich und durch den ständigen Blutverlust äußerst geschwächt. Die Haut und das jungfräu-liche Fleisch seines hochheiligen Leibes waren so fein und dünn, daß schon der geringste Schlag sofort einen blauen Flecken ergab. Manchmal versuchte er, sich am Kreuz aus-zustrecken, infolge der übermäßig bitteren Qual, die er in seiner gewaltigen, heftigen Pein erlitt. Denn zuweilen stieg der Schmerz aus seinen durchstoßenen Gliedern und Adern zum Herzen auf und quälte ihn grausam mit dem qualvollsten Martyrium, und so wurde sein Tod in schwe-rem, ungeheuer bitterem Leiden verlängert.

Außer sich vor unerhörter Qual und schon dem Tode nahe rief er den Vater mit lauter und trauriger Stimme an: ‚O, Va-ter, warum hast du mich verlassen?‘ Seine Lippen waren da bleich, die Zunge blutig und der eingefallene Leib klebte am Rücken fest, als wenn er gar keine Eingeweide hätte. Wieder rief er in schwerster Pein und Angst: ‚Vater, in deine Hände befehle ich meinen Geist.‘ Dann hob sich sein Haupt etwas, sank aber sofort wieder herunter – und dann gab er seinen

Geist auf. Als das seine Mutter sah, zitterte sie in ihrem ganzen Leibe vor unendlicher Trauer und Betrübnis und wäre zu Boden gefallen, wenn die anderen Frauen sie nicht festgehalten hätten. In diesem Augenblick sanken seine Hände durch das schwere Gewicht des Leibes etwas von der Stelle herab, wo die Nägel sie durchbohrt hatten, und der Körper wurde somit von den Nägeln hochgehalten, mit denen die Füße gekreuzigt waren. Die Finger, Hände und Arme waren noch verzerrter als vorher. Schultern und Rücken waren hart gegen das Kreuz gepreßt.

Da riefen die umherstehenden Juden seiner Mutter höhnende Worte zu. Einige sagten: ‚Maria, nun ist dein Sohn tot!‘ Andere sagten ähnliche Spottworte. Während nun aber die Volksmenge dort rund umher stand, kam ein Mann in größter Raserei herangerannt und stieß einen Speer so heftig in seine rechte Seite, daß er fast an der anderen Seite des Körpers wieder herausgekommen wäre. Als der Speer aus dem Körper gezogen wurde, floß sofort ein gewaltsam stürzender Blutstrom aus der Wunde, die Speerspitze und ein Teil des Schaftes aber kamen rot und blutübergossen aus dem Körper. Als seine Mutter das sah, zitterte sie und weinte bitterlich, und aus ihrem Gesichtsausdruck und ihren Gebärden war zu erkennen, daß ihre Seele in diesem Augenblick vom scharfen Schwert der Trauer durchbohrt war.

Dann ging die Volksmenge fort, und einige Freunde des Herrn nahmen ihn vom Kreuz ab. Seine milde Mutter nahm ihn in ihre heiligen Arme da, wo sie saß, und legte ihn in ihren Schoß – so verwundet, zerrissen und blaubleich, wie er war. Tief betrübt trocknete sie seinen ganzen Körper und die Wunden mit ihrem Leinenkleid, küßte seine Augen, schloß sie und hüllte ihn in ein reines Tuch ein. Dann trugen sie ihn mit lautem Weinen und Klagen fort und legten ihn ins Grab‘‘ (VII, 15).

Die Offenbarung ist zu Ende. Birgitta ist von Sinnesbewegung und seelischer Anspannung überwältigt. Gefolgt von den Beichtvätern geht sie die schmale Treppe herab, die zum Chorumgang der Kirche führt. Beim Eingang zur Marien-Kapelle lassen sie sich nieder, und Birgitta erzählt unter Tränen mit großer Andacht die erschütternden Geschehnisse, deren Zeuge sie gerade eben gewesen ist. Später am Tage sieht Katarina ihre Mutter in der Herberge, wie sie über das Papier gebeugt ist und mit der Feder den Inhalt der bitteren Gesichte aufzeichnet.

Birgitta blieb mehr als vier Monate in Jerusalem. Immer wieder konnte sie zur Kirche des Heiligen Grabes und ihren vielen Erinnerungsplätzen zurückkehren. Vielleicht hat sie, wie es als Vorbereitung zum Ritterschlag der Ritter vom Heiligen Grabe gebräuchlich war, auch eine Nacht in Wachen und Beten am Grabe Christi zugebracht. Bei einer Messe in der Kapelle des Heiligen Grabes empfing Birger Ulfsson eine solche Ritterwürde. In dieser Stunde muß Karl, der nicht neben seinem Bruder knien und nie sein Pilgergelübde erfüllen konnte, in besonderer Weise in Birgittas Gedanken gewesen sein.

Viele heilige Erinnerungsstätten lagen zur Zeit von Birgittas Jerusalem-Besuch in Trümmern, und andere waren unzugänglich. Die St.-Anna-Kirche, die nach der Tradition über dem Haus von Anna und Joachim, in dem die Jungfrau Maria geboren wurde, erbaut war, war in eine Moschee verwandelt.

Gleich außerhalb des Schafstores oder Stephanstores liegt die Stelle, wo Stephanus, der erste christliche Märtyrer, zu Tode gesteinigt wurde. Birgitta kannte ihn wohl schon von ihrer Kindheit her. Als Birgitta einmal in der Kirche St. Stefano Rotondo zu Rom im Gebet versunken war, hatte sich der Märtyrer ihr gezeigt und ihr vorausgesagt, daß sie zu der Stelle seines Leidens kommen würde.

Im Garten Gethsemane wuchs ein Hain von großen und schönen Olivenbäumen. Das Heiligtum der Kreuzfahrer aber lag in Trümmern.

Auf der Höhe des Ölberges, dem Ort der Himmelfahrt Christi, erhob sich eine reichgeschmückte Kirche aus der Zeit der frühen Christenheit und der Kreuzfahrer. Eine breite Freitreppe führte zu einer Loggia vor dem Eingang des Heiligtums, der nach Westen zu lag – gegen die ewige Stadt hin in der Richtung der sinkenden Sonne.

Bei den Franziskanern auf dem Zionsberg konnte Birgitta viele Erinnerungsplätze aus der Zeit der alten Kirche besuchen. Einige Jahrzehnte vor der Ankunft Birgittas war der Saal, in dem Christus das Abendmahl stiftete, mit Hilfe von Architekten aus Zypern als ein Raum mit edlem gotischen Gewölbe wiederaufgebaut worden. Die Franziskaner hatten vom Papst den Auftrag erhalten, die Erinnerungsstätten des Heiligen Landes zu verwalten und sich des Stromes der Pilger anzunehmen, der trotz körperlicher Gefährdung und geldlicher Erpressung durch die mohammedanischen Herren des Landes nie abriß.

In Jerusalem hat Birgitta ihre Berufung zum Sprachrohr Gottes und zur Fürbitterin der Menschheit erfüllt. Wir kennen einige größere Offenbarungen über das zyprische Volk, die Birgitta im Heiligen Lande eingegeben wurden. Die erste handelt von Eintracht und Frieden, die im Reiche herrschen sollten, und von Vergebung und Nachsicht gegenüber all denen, die in das Komplott gegen den ermordeten König Peter verwickelt waren. Zugleich gibt Birgitta dem geistlichen und weltlichen Adel Ratschläge, wie sie mit Beichte und Buße auf Gottes Wege zurückkehren sollten (VII, 18).

In der zweiten Offenbarung spricht Christus selbst zu den Bewohnern von Zypern: ,,O, ihr Leute von Zypern, die ihr aufrührerisch gegen mich seid, hört zu, und gebt genau acht auf das, was ich euch zu sagen habe! Ich habe dich, du Volk, geliebt wie ein Vater seinen einzigen Sohn, den er zu Ehren bringen will. Ich habe dir ein Land zugeteilt, wo du im Überfluß alles haben kannst, was für den leiblichen Unterhalt notwendig ist. Ich sandte dir die Wärme und das Licht des Heiligen Geistes, damit du den rechten christlichen Glauben verstehen solltest . . .'' Aber nun ist das Volk von Christus abgefallen und folgt nur seinem eigenen Willen; deshalb ist das Gericht nahe (VII, 19). Diese Offenbarung wurde als Brief an den König und seinen Onkel mit der Aufforderung geschickt, sie öffentlich bekanntzumachen.

Eine besondere Offenbarung richtet sich an den Bruder Martin von Aragonien. Hier wird das Leben in Reinheit, Demut und Armut beschrieben, das zu führen den Brüdern aus dem Orden des Heiligen Franziskus auferlegt ist. Nun aber sind viele Brüder von der Ordensregel abgefallen und auf einen Weg gelockt worden, wo Gewinnsucht und Hochmut nach ewiger Strafe ruft (VII, 20).

Birgitta hatte nun den Ort gesehen, wo die Jungfrau Maria als das reinste Gefäß aufgewachsen war, weiter die Stätten, wo Christus als ein unschuldiges Opferlamm litt, wo er wie ein verachteter Wurm im Grabe ruhte und als siegreicher Adler gen Himmel fuhr. Die verheißene Zahl heiliger Stätten, die Birgitta besuchen sollte, betrug aber fünf – ebenso viele wie die Wunden des Erlösers am Kreuz. Nun blieb noch die Stätte zu besuchen, wo Christus sich als Löwe aus Juda gebären ließ.

Mitte August brach die Gesellschaft von Jerusalem auf. Nach einer kurzen Tageswanderung langte man in Bethlehem an (ca. 9 km). Die Geburtskirche, die fünfschiffige Basilika des Kaisers Konstantin und seiner Mutter, die zur Zeit Justinians im 6. Jahrhundert durch einen kleeblattförmigen Chor erweitert worden war, war damals wie heute das beherrschende Gebäude der bescheidenen Bergstadt. Die innere Ausschmückung der Kirche mit ihrer Pracht von Marmor und Mosaiken war ein Erbe aus der Zeit des Königreichs Jerusalem, also aus der Mitte des 12. Jahrhunderts.

Die Geburt Jesu
nach einer Vision Birgittas in Bethlehem
von Meister Francke

Unter dem Hochaltar befindet sich die Grotte, in der das Jesuskind das Licht der Welt erblickte, eine Felsengrotte, die, wie es in der armen Bergstadt Bethlehem nicht ungewöhnlich war, als Stall diente.

Eine Treppe führt an beiden Seiten des Hochaltars zur Grotte herunter. Die Grotte hat eine unregelmäßige Form und zwei besonders heilige Stellen: die, wo das Kind zur Welt kam, und die andere, wo seine Mutter ihn in die Krippe legte. Hier empfing Birgitta die lang verheißene Offenbarung über die Geburt des Gottessohnes.

Außer der Reise nach Bethlehem wissen wir nur noch von einem größeren Ausflug, den Birgitta mit ihrer Reisegesellschaft von Jerusalem aus an den Jordan unternahm. Der Weg von Jerusalem nach Jericho war drei und eine halbe Meile lang, und von dort aus war es noch eine weitere Meile bis zur Taufstelle am Jordan. Um sich gegen Überfälle zu schützen, taten sich die Pilger zu dieser Zeit im allgemeinen zu größeren Gruppen zusammen. Die Reise wurde zu Fuß zurückgelegt. Pferde waren als Reittiere für Christen nicht erlaubt; vielleicht aber folgten einige Esel oder Maulesel der Karawane als Last- und Reittiere für die Alten und Müden. Der Weg geht durch eine öde, wüstenähnliche Berglandschaft, so daß die Reise in der palästinensischen Sommerhitze eine Strapaze gewesen sein muß.

Gegen Ende des Sommers hin erkrankte Birgitta in Jerusalem an Fieber und Magenkrämpfen. Vielleicht waren das die ersten Anzeichen der Krankheit, an der sie ein Jahr später sterben sollte.

Am 8. September, dem Geburtstag der Jungfrau Maria, besuchte Birgitta das Grab der heiligen Jungfrau in der Kirche am Fuß des Ölberges. ,,Als ich am Grab der ehrenreichen Jungfrau im Tale Josaphat betete, offenbarte sich mir eben dieselbe Jungfrau, im herrlichen Glanz strahlend, und sagte: ‚Hör genau zu, meine Tochter! Nachdem mein Sohn gen Himmel aufgefahren war, lebte ich fünfzehn Jahre in der Welt und somit eine so lange Zeit, wie zwischen dem Himmelfahrtstage meines Sohnes und meinem Sterbetag liegt. Dann lag ich fünfzehn Tage tot in diesem Grab. Darauf wurde ich mit unendlicher Ehre und Freude in den Himmel aufgenommen. Die Kleider, in denen ich begraben wurde, blieben im Grab zurück, und stattdessen wurden mir solche Gewänder angetan, wie sie mein Sohn und Herr Jesus Christus trägt. Du sollst auch wissen, daß außer dem ehrenreichen Leib meines Sohnes und dem meinigen es keinen menschlichen Leib im Himmel gibt.

Nun sollt ihr wieder zu den Ländern der Christen zurückkehren, euren Lebenswandel stets verbessern und im übrigen mit größter Achtsamkeit und Aufmerksamkeit leben, nachdem ihr die heiligen Stätten besucht habt, wo mein Sohn und ich leiblich gelebt haben, gestorben und begraben sind" (VII, 26).

Die Rückreise ging über Rama und Jaffa und mit dem Schiff nach Famagusta. Hier erfuhr Birgitta, daß der Fürst von Antiochia, der Onkel des jungen Königs, der Offenbarung an das zyprische Volk, die sie ihm von Jerusalem aus geschickt hatte, keine Beachtung geschenkt hatte. Ihre Bitte, sie dem Volk öffentlich bekanntzumachen, war nie erfüllt worden.

Birgitta aber erhielt die Erlaubnis, sie selbst bekanntzugeben. Das geschah am 8. Oktober auf dem Platz vor dem königlichen Schloß in Famagusta, in Gegenwart des Königs, der Königin, des Fürsten von Antiochia und des ganzen königlichen Rates. Christus spricht durch Birgittas Mund:

„. . . Zyprisches Volk, wenn du nicht umkehren und dich bessern willst, will ich dein Geschlecht und deine Nachkommenschaft im Reiche Zypern vernichten und dabei keinen Unterschied zwischen Arm und Reich machen, ja, ich werde dieses Geschlecht so vollständig auslöschen, daß die Erinnerung daran in kurzer Zeit in den Sinnen der Menschen vergessen sein wird, ganz so, als wärt ihr nie zur Welt geboren.

. . . Aber nun sollt ihr wissen und dessen versichert sein, daß ich einem jeden von euch, der sich bessern und demütig zu mir zurückkehren will, mit Freude entgegeneilen werde wie ein milder Hirte, daß ich ihn auf meine Schultern heben und ihn zu meinen Schafen selbst zurücktragen werde . . .''

Auf Zypern war Birgitta zum ersten Mal in einem christlichen Land, das nicht römisch-katholisch war. Der größere Teil der griechischen Inselbevölkerung gehörte zur griechisch-orthodoxen Kirche. Daran hatte sich Birgittas Eifer entzündet, für die eine, heilige, katholische und apostolischen Kirche missionarisch zu wirken.

„. . . Die Griechen sollen auch wissen, daß ihr Reich und ihre Herrschaft nie Sicherheit und die Ruhe des Friedens erleben, sondern daß sie immer ein Raub der Feinde sein werden, die ihnen ständig die größten Schäden und tägliches Elend zufügen, bis sie mit wahrer Demut, Liebe und Frömmigkeit sich der römischen Kirche und ihrem Glauben unterwerfen und sich ganz den heiligen Ordnungen und kultischen Gebräuchen dieser Kirche anpassen'' (VII, 19).

In Neapel erwarteten Birgitta neue Prüfungen. In ihrem Gepäck hatte sie einige kleine goldene Kreuze vom Heiligen Land mitgebracht, um sie denen zu schenken, die ihr nahestanden. Auch die Königin Johanna wurde mit einer solchen Gabe beehrt; die Königin aber, die noch vom letzten Besuch Birgittas deren Offenbarungen und scharfen, tadelnden

Worte in frischer Erinnerung hatte, wollte eine kirchliche Bestätigung dafür haben, daß die Worte, die Birgitta sprach, wirklich von Gott seien. Eine Kommission war eingesetzt worden, um den Gehalt von Birgittas Verkündigung zu prüfen. Sie bestand aus dem Erzbischof von Neapel, drei Magistern der Theologie und zwei Doktoren des kanonischen Rechtes. Diese Kommission besuchte Birgitta ein erstes Mal in ihrer Herberge, in der sie krank lag. Der Besuch fiel günstig aus, und es wurde beschlossen, daß die Offenbarung, von der Birgitta sagte, sie habe sie für das Volk von Neapel bereit, in Gegenwart der Kommissionsmitglieder öffentlich verkündigt werden sollte. Bischof Alfons, der die lateinische Fassung in Birgittas Auftrag formuliert hatte, durfte die Botschaft vortragen. Birgitta selbst saß still da und hörte, allen sichtbar, zu. Nach der Verlesung fragte der Erzbischof, in wessen Geist und aus welcher Kraft sie dies verkündigt habe. Birgitta antwortete demütig, fein und klug und errang einen vollständigen Sieg.

Birgitta blieb längere Zeit bei ihren Freunden in Neapel, sicher über Weihnachten und Epiphanias, und wohnte eine zeitlang als Gast der Königin auf ihrem Landschloß in Aversa. Die Pilgerfahrt war teurer geworden als berechnet, und Birgitta befindet sich in finanzieller Bedrängnis. Da bietet ihr die Königin eine Summe Geld an. Aber Birgitta zweifelt, ob es erlaubt sein kann, geldliche Gaben von einer so lasterhaften Person anzunehmen.

Auf Birgittas Frage antwortet Christus: ,,Soll man denn Freundschaft mit Feindschaft und Gutes mit Bösem vergelten? Soll man Schnee in ein kaltes Gefäß legen, damit er noch kälter wird? Du sollst gewißlich, obwohl die Königin das, was sie geben wollte, mit kaltem Herzen anbot, mit Liebe und Ehrerbietung als Gabe entgegennehmen und für sie beten, daß sie zur göttlichen Wärme hingelangen möge. Denn es steht geschrieben, daß der Überfluß anderer den

Mangel der Armen ersetzen soll, und daß keine guten Taten vor Gott vergessen werden sollen" (Extrav. 110).

Viele Hilfesuchende haben sich an Birgitta gewandt, um im Kleinen wie im Großen ihren Rat und Trost zu erhalten. Man bittet sie um ihre Fürbitte, und Birgitta ist immer bereit zu helfen. Mit ihren klugen, scharfen Augen sieht sie die Schwächen und Mängel der Menschen, meistert, ordnet und erhebt Forderungen im Namen des himmlischen Bräutigams, spricht aber auch Worte der Liebe und Vergebung. Es wird von Wundern erzählt, die mit Hilfe der nordischen Seherin geschahen, von der wundertätigen Kraft ihrer heiligen Hände, und ihr Name ist auf aller Lippen.

Über den naheliegenden Problemen vergißt Birgitta nicht die großen Aufträge, zu denen der Herr sie berufen hat: die Reformation in der Kirche und die Wiederaufrichtung des Stuhles Petri in der Heiligen Stadt. Gregorius läßt in keiner Weise erkennen, daß er gewillt ist, seine südfranzösische Residenz in Avignon zu verlassen. Birgitta aber läßt ihm keine Ruhe. Sie ist Gottes Sprachrohr und muß sprechen.

Einer der ältesten und treuesten Freunde von Birgitta, Latino Orsini, wird mit einer Offenbarung nach Avignon gesandt, die sie empfangen hat, als sie ,,wachte und im Gebet verharrte und im Geist entrückt wurde. Alle ihre Körperkräfte schienen da zu verschwinden, ihr Herz aber wurde entzündet und jubelte vor Liebesglut, ihre Seele verspürte Tröstung, ihr Geist wurde von einer göttlichen Kraft gestärkt und ihr ganzes Bewußtsein von geistlichem Verständnis erfüllt".

Es ist die Jungfrau Maria, die durch Birgitta zu Gregorius spricht, und zwar in einem Gleichnis.

,,Stell dir vor, daß eine milde Mutter ihren geliebten Sohn nackt und kalt auf dem Boden liegen sieht, ohne daß er die körperliche Kraft hat sich aufzurichten. Aus Sehnsucht nach mütterlicher Pflege und nach der Muttermilch weint er und klagt mit jammernder Stimme. Dann eilt sie hinzu in zarter Liebe und in Mitleiden mit ihrem Sohn, und damit er nicht ganz vor Kälte vergehen soll, hebt sie ihn gleich mit ihrer holden mütterlichen Hand auf, streichelt ihn langsam und erquickt ihn mild mit der Mutterwärme ihrer Brust und ernährt ihn lieblich mit ihrer Milch. So will ich, die Mutter der Barmherzigkeit, es mit dem Papst Gregorius machen, wenn er nach Rom und Italien mit dem Vorsatz zurückkehren will, dort zu bleiben und das ewige Verderben der Seelen der ihm anvertrauten Schafe mit Seufzern und Tränen des Mitleidens zu beweinen . . . und wenn er sich vornimmt, mit Demut und der einem Hirten gemäßen Liebe den Zustand der Kirche zu erneuern.''

Wenn aber der Papst diesem Gebot nicht gehorcht, dann soll er ,,die Rute der Gerechtigkeit zu spüren bekommen, d. h. den Zorn meines Sohnes, denn dann soll sein Leben verkürzt und vor Gottes Richterstuhl gerufen werden. Dann soll keine Macht weltlicher Herren ihm helfen können, und keine Weisheit und kein Wissen der Ärzte soll ihm etwas nützen, und die Luft seines Vaterlandes soll nicht, wie er sagt, sein Leben verlängern können'' (IV, 139).

Kurz danach aber sandte Birgitta einen anderen ihrer mächtigen und treuen Beschützer, den Grafen von Nola, Niccolo Orsini, mit einer neuen Offenbarung der Jungfrau Maria zum Papst. ,,. . . Da der Papst eine vollständigere Vergewisserung über Gottes Willen wünscht, ist es gerecht, daß dieser sein Wunsch befriedigt wird. Er sollte also völlig davon überzeugt sein, daß das, was nun gesagt wird, Gottes Wille ist, nämlich daß er ohne Verzögerung selbst nach Italien oder Rom kommt – ja, daß er das ohne Aufschub tut und sich beeilt zu kommen, so daß er im kommenden März oder spätestens zu Anfang April persönlich in der erwähnten Stadt oder im Land Italien eingetroffen sei, *sofern er jemals mich zur Mutter haben will.*''

Zum Schluß dieser Offenbarung wird Bischof Alfons aufgefordert, neben der versiegelten Sendung an den Papst eine Kopie des Briefes anzufertigen, die der Abt, der Nuntius des Papstes ist, und der Graf von Nola lesen sollen. Wenn sie den Brief gelesen haben, soll er vor ihren Augen in kleine Stücke zerrissen werden als ein Zeichen dafür, daß, wenn der Papst zur angegebenen Zeit nicht nach Italien zurückkehrt, die Länder der Kirche, die jetzt einem einzigen Gehorsam unterworfen sind, in mehrere Teile in der Hand der Feinde zertrennt werden sollen . . . ,,und es wird ihm mit der ganzen Hand seiner Macht nicht gelingen, die genannten Länder der Kirche zu ihrem früheren Zustand von Gehorsam und Frieden zurückzuführen''. Dies ist eine Voraussage des großen Kirchenschismas, des erniedrigenden Schwächezustandes, von dem die Kirche in den späteren Jahren des Gregorius betroffen wurde (IV, 140).

In einer besonderen Offenbarung, die nie an den Papst gesandt wurde, tröstet Christus Birgitta, die vom Mißmut angesichts der Unverbesserlichkeit des Papstes ergriffen war. Birgitta klagt: ,,O Herr, mein Gott, die Königin von Neapel und viele andere sagen mir, es sei ihm unmöglich, nach Rom zu kommen, da der König von Frankreich, die Kardinäle und andere Leute dieser Reise viele Hindernisse in den Weg legen. Und ich habe gehört, daß viele vor ihn hintreten und vorgeben, sie hätten Gottes Geist und göttliche Offenbarungen und Gesichte, was sie als Vorwand nehmen, um ihm von der Reise abzuraten. Deshalb fürchte ich sehr, daß seine Ankunft verhindert wird.''

Gott antwortet: ,,Du hast gehört, wie gelesen wurde, daß Jeremia, als er in Israel lebte, Gottes Geist zum Weissagen hatte; es gab zu der Zeit aber viele, die den Geist der Träume und der Lüge hatten, und denen glaubte der böse König, und deshalb geriet er und das Volk mit ihm in Gefangenschaft. Wenn der König doch nur Jeremia geglaubt hätte, so hätte ich meinen Zorn von ihm gewandt . . . Wenn aber auch, seien es gelehrte Männer oder Träumer oder diejenigen, die Freunde von Papst Gregorius Leib und nicht seinem Geist sind, auftreten und ihn anders beraten, so bin doch ich, der Herr, mächtiger als sie und werde diesen Papst, aber nicht zu ihrem Trost, nach Rom führen. Ob du ihn aber selbst zu sehen bekommen wirst oder nicht, das zu wissen ist dir nicht erlaubt" (IV, 141).

Nach langer Zeit endlich sollte Gregorius dem Ruf nach Rom folgen. Da aber war Birgitta schon tot.

Es liegt etwas Fieberhaftes über den Bemühungen Birgittas in dieser ihrer letzten Zeit, den Papst zur Rückkehr nach Rom zu bewegen. Es ist, als sporne sie ihre äußersten Kräfte in dieser Aufgabe an. Im Februar erhält Bischof Alfons Kenntnis von einer Offenbarung, in der der Herr Christus selbst in streng zurechtweisenden, bald drohenden, bald lockenden Worten zu seinem säumigen Stellvertreter auf Erden spricht.

„Höre, Papst Gregorius XI., die Worte, die ich zu dir spreche, und gib genau acht auf das, was ich dir sage. Weshalb haßt du mich so? Weshalb ist deine Dreistigkeit und Anmaßung mir gegenüber so groß? Deine weltliche Kurie plündert ja meine himmlische. Du Übermütiger beraubst mich meiner Schafe . . . Du bemächtigst dich auch des Gutes meiner Armen in ungerechter Weise und gibst es und verteilst es – unpassend genug, unter deine Reichen . . . Obwohl ich dich nach meiner Gerechtigkeit verdammen könnte, ermahne ich dich trotzdem noch einmal um der Wohlfahrt deiner Seele willen, ja, ich vermahne dich, daß du sobald wie möglich zu deiner Residenz in Rom kommst. Die Zeit magst du selbst näher bestimmen. Du sollst aber wissen; je länger du zögerst, desto mehr wird deine Seele verlorengehen und werden sich alle deine Tugenden vermindern . . . Komm also und zögere nicht! Komm nicht mit dem gewohnten Hochmut und deinem weltlichen Staat, sondern mit Demut und brennender Liebe.

. . . Schreite also männlich auf dem Weg der Gerechtigkeit voran, und es wird dir wohlbekommen. Verachte denjenigen nicht, der dich liebt; denn wenn du gehorchst, will ich dir Barmherzigkeit erzeigen und dich segnen und ich will dich auch mit den kostbaren Bischofsgewändern des wahren Papstes bekleiden und schmücken, ja, ich will dich mit mir selbst bekleiden, so daß du in mir und ich in dir sein werde, und du wirst verherrlicht werden in Ewigkeit" (IV, 142).

Noch vor der Abreise von Neapel erhält Birgitta eine Offenbarung, die sich an alle die wendet, die sich von Gott entfernt haben und in geistlichem Dunkel leben. Diese Offenbarung ist Birgittas letzte große Offenbarung und kann als ihr geistliches Testament betrachtet werden. Nach ihrer eigenen Anordnung sollte sie ihren Platz als letzte der Offenbarungen im Liber Celestis erhalten.

,,Ich sah ein großes Schloß, gleich dem klaren Himmel. Da war eine himmlische Heerschar, unzählig wie der Sonnenstaub, und strahlte wie die Strahlen der Sonne. In dem Schloß saß auf einem wunderbaren Thron eine männliche Person von unfaßbarer Schönheit, ein unendlich mächtiger Herr, dessen Gewänder seltsam und von unaussprechlicher Klarheit waren. Neben ihm, der auf dem Throne saß, stand eine Jungfrau, die klarer als die Sonne leuchtete. Die ganze himmlische Heerschar, die zugegen war, verehrte sie als Königin des Himmels. Und er, der auf dem Throne saß, öffnete seinen Mund und sagte: ,Hört, ihr alle, die ihr nicht meine Freunde seid und in der Welt lebt; denn für meine Freunde, die meinen Willen befolgen, spreche ich nicht. Hört alle, ihr Kleriker, Erzbischöfe, Bischöfe und alle niederen Beamten der Kirche! Hört alle, ihr Asketen, welchem Orden ihr auch angehören mögt! Hört, ihr Könige, Fürsten und Richter auf Erden und ihr Diener alle! Hört, ihr Frauen,

Königinnen, Fürstinnen und alle Frauen und Dienerinnen, ja alle, welchem Stand und welcher Lebensstellung ihr auch zugehören mögt, Große und Kleine, die ihr in der Welt baut und wohnt, hört diese Worte, die ich, der ich euch geschaffen habe, jetzt zu euch spreche! Ich klage darüber, daß ihr von mir abgewichen seid und euren Glauben meinem Feind, dem Teufel, zugewandt habt, daß ihr meine Gebote verlassen habt und dem Willen des Teufels folgt und seinen Eingebungen gehorcht. Ihr denkt nicht daran, daß ich, der unveränderliche und ewige Gott, euer Schöpfer, vom Himmel zu einer Jungfrau herabstieg, ihr Fleisch annahm und unter euch wandelte. Durch mein eigenes Beispiel bahnte ich euch ja den Weg und zeigte euch, wie ihr zum Himmel gehen solltet. Ich wurde ausgezogen, gegeißelt, mit einer Dornenkrone gekrönt und so hart am Kreuz ausgestreckt, daß fast alle meine Sehnen und Glieder im Leibe zerbrachen. Ich hörte alle Schmähungen und erlitt den verächtlichsten Tod und das bitterste Herzensweh um eurer Erlösung willen. All dieses beachtet ihr, die ihr nicht meine Freunde seid, nicht, denn ihr seid betrogen. Ihr tragt des Teufels Joch und Bürde mit all seiner betrügerischen Süße, aber ihr wißt es nicht und kennt es nicht, bevor eine unendliche Trauer, die von dieser grenzenlosen Bürde verursacht ist, eurer Los wird. Doch nicht genug damit, sondern so groß ist euer Übermut, daß ihr, wenn ihr höher als ich steigen könntet, es gerne tätet. Und so groß ist eure fleischliche Lust, daß ihr lieber mich entbehrt, als daß ihr von eurer ungeordneten Begierde ablaßt. Eure Gewinnsucht ist unermeßlich wie ein Sack mit einem Loch im Boden, denn es gibt nichts, was sie sättigen kann. Deshalb schwöre ich bei meiner Gottheit, daß ihr, wenn ihr in eurem jetzigen Zustand sterbt, nie mein Angesicht sehen werdet. Um eures Hochmutes willen sollt ihr so tief in die Hölle versenkt werden, daß alle Teufel über euch her sein und euch gnadenlos peinigen werden. Um eurer Geilheit willen werdet ihr mit schrecklichem, teuflischem

Gift und um eurer Gewinnsucht willen mit Schmerz und Angst erfüllt und alles Bösen teilhaftig werden, das es in der Hölle gibt. O, ihr bösen, undankbaren und mißratenen Freunde, ihr meint, ich sei wie ein toter Wurm im Winter (wie eine Schlange, die im Winterschlaf liegt) und deshalb tut ihr, was ihr wollt, und habt Erfolg. Um dessentwillen werde ich im Sommer aufstehen, und dann werdet ihr verstummen und meiner Hand nicht entfliehen können. Aber ich habe euch, die ihr nicht meine Freunde seid, mit meinem Blut erlöst und begehre nichts anderes als eure Seelen. Kehrt deshalb zu mir in Demut zurück, dann werde ich euch gnädiglich als meine Kinder aufnehmen. Werft das schwere Joch des Teufels ab, erinnert euch meiner Liebe und schaut in euer Gewissen, daß ich lieb und mild bin" (VII, 30).

Birgittas letzte Tage

Viele Jahre nach Birgittas Tod kommt eine englische Pilgerin, Margery Kempe, mit der Absicht nach Rom, Menschen zu begegnen, die die Heilige zu ihren Lebzeiten gekannt haben. Eine Frau, die in ihrer Jugend im Haus am Campo dé Fiori Dienstmädchen war, erzählt von ihrer früheren Hausherrin, sie sei sanft, mild und gut gegen alle gewesen und habe ein schönes lachendes Gesicht – a laughing face – gehabt. In der Bulle über die Kanonisierung Birgittas am 7. Oktober 1391 kommt dieselbe Auffassung in folgenden Worten zum Ausdruck: „. . . oft sah man sie mit strahlenüberflutetem, leuchtendem Gesicht." Die altgewordene Birgitta muß einen Frieden und eine innere Klarheit ausgestrahlt haben, die eine Frucht ihres innerlichen Gottesverhältnisses war, ihres Lebens auf Erden als Gottes Vertraute, die nie einen

Abbildung des Birgitta-Hauses in Rom

Schritt ohne die himmlische Leitung durch das Wort Christi und der Jungfrau Maria unternahm. Das gab ihr aber keine Sonderstellung in äußerer Hinsicht unter ihren Mitmenschen, jedenfalls nicht in ihrer Art und Weise aufzutreten. Ein alter Gastwirt in Rom gibt an diesem Punkt sehr klare Auskunft, als die wißbegierige englische Pilgerin mit ihren Fragen nach der merkwürdigen schwedischen Dame zu ihm kommt: „Keiner hätte wohl glauben können, daß sie eine Heilige sei, sie, die so freundlich gegen alle war und sich mit jedem Beliebigen ins Gespräch einlassen konnte."

Jetzt ist Birgitta wieder in ihrem alten Quartier in Rom. Ihre große Pilgerfahrt geht dem Ende entgegen. Die Krankheit, die sie zum ersten Mal in Jerusalem zu spüren bekam, hat sie nicht verlassen und hat sie zeitweise zur Stille gezwungen.

Birgitta fühlt, wie die Kräfte abnehmen. Bischof Alfons ist in Avignon, um ihre Botschaft dem Papst zu überbringen; Birgitta aber wird von der Sorge ergriffen, Gregorius würde sich auch dieses Mal nicht durch die Stimme ihres Bräutigams erweichen lassen. Noch einmal, ein letztes Mal, will sie auf den Papst eindringen: sie sendet einen Brief an Alfons mit einer neuen Offenbarung, die weiter hervorheben soll, wie dringlich es ist, daß der Papst bald nach Rom komme. Christus spricht:

„Der Papst begehrt ein Zeichen. Sag ihm, daß die Pharisäer ein Zeichen begehrten. Ich antwortete ihnen, daß, gleichwie Jonas drei Tage und drei Nächte im Bauch des Fisches war, ich, der Jungfrau Sohn, tot in der Erde liegen, am dritten Tage aber von den Toten auferstehen und zu meiner Herrlichkeit gehen würde. So soll dieser Papst Gregorius als Zeichen meine Ermahnung erhalten, er solle doch die Seelen erlösen. Er soll also in der Tat das tun, was zu meiner Ehre dient, auf die Erlösung der Seelen hinarbeiten und darauf, daß die Kirche in ihrer früheren Ordnung wiederhergestellt werde und in einen besseren Zustand komme. Dann wird er Zeichen und Frucht des ewigen Trostes erfahren dürfen. Er soll auch noch ein anderes Zeichen bekommen: wenn er meinen Worten nicht gehorcht und nicht nach Italien kommt, wird er nicht nur das Zeitliche, sondern auch das Geistliche verlieren und, solange er lebt, Herzenssorge erfahren, und wenn sein Herz manchmal auch meint, eine Erleichterung spüren zu können, dann soll seine Gewissensangst und innere Betrübnis doch bestehen bleiben. Das dritte Zeichen ist dies, daß ich, Gott, wunderbare Worte durch eine Frau spreche, und zu wessen Gunsten geschieht das, wenn nicht zum Heil und Nutzen der Seelen, damit die Bösen gebessert und die Guten noch besser werden?''

Birgitta weiß, daß ihre letzten Tage nahen, und in dieser letzten, an den Stellvertreter auf dem Stuhl Petri gerichteten Offenbarung bestätigt Christus ihr ganzes Lebenswerk als Sprachrohr Gottes und erklärt es als ein Zeichen Gottes.

,,Weiter sagte der Herr: Da der Papst zweifelt, ob er nach Rom kommen soll, um den Frieden wiederherzustellen und meine Kirche zu reformieren, erkläre ich, daß es mein Wille ist, daß er jetzt im Herbst kommt, und zwar um zu bleiben. Und der Papst sollte auch wissen, daß er nichts tun kann, was mir lieber wäre, als daß er nach Italien kommt'' (IV, 143).

Der Brief ist im Juli von Rom abgesandt. Birgitta fühlt nun ihr Ende nahen und versteht, daß es ihr nicht vergönnt sein wird, die Erfüllung ihrer himmlischen Voraussagungen zu erleben. Aber die Jungfrau Maria spricht tröstende Worte:

,,Wenn eine Frau gebiert, während sie krank ist, werden alle Kinder, die sie gebiert, auch krank. Du aber gebierst starke, gesunde und Gott ergebene Kinder, und du sollst gesunder werden, als du es je warst, und sollst nicht sterben, sondern an den Ort kommen, der dir verheißen und für dich vorbereitet ist. Der Heilige Franziskus war lange krank und trug doch Frucht und tat den Willen Gottes; danach aber wurde er geheilt und tat und tut noch größere Dinge als während seiner Krankheit. Aber nun kannst du fragen, warum deine Krankheit so lange dauert und warum deine Natur und deine Stärke verzehrt werden. Ich antworte dir, daß mein Sohn und ich dich lieben. Erinnerst du dich, daß mein Sohn dir in Jerusalem sagte, daß dir deine Sünden vergeben wurden, als du in die heilige Kirche seines Grabes eintratest, ganz so, als wärest du eben erst aus der Taufe gehoben? Ich sagte dir aber nicht, daß du, solange du in der Welt lebst, vom Leiden verschont bleiben solltest. Denn es ist Gottes Wille, daß die Liebe des Menschen seiner Liebe entspreche und das vergangene Versäumnis durch geduldig ertragene Krankheit ausgelöst wird. Gedenke auch daran, daß ich dir oft gesagt habe, daß die Worte meines Sohnes und meine eigenen geistlich und leiblich verstanden werden können. Ich sagte dir schon in der Stadt Stralsund, wenn du vor der Erfüllung der göttlichen Worte, die den Inhalt in den himmlischen Büchern darstellen und die dir von oben gegeben worden sind, von der Welt abberufen werden solltest, dann sollst du doch wegen deines guten Willens als Nonne in Vadstena gerechnet und alles dessen, was Gott dir verheißen hat, teilhaftig werden'' (Extrav. 67).

Birgittas Gedanken gehen in die Vergangenheit zurück. Schon in Stralsund war sie bei Antritt der Rom-Reise vor mehr als zwanzig Jahren besorgt gewesen, ob ihre Kräfte für den großen Auftrag, den der Herr ihr anvertraute, ausreichen würden. Dieselbe Sorge ergreift sie jetzt. Das Werk ist nicht vollendet, sondern steht erst an seinem Anfang. Wie wenig hat sie ausrichten können.

Sechs Tage vor ihrem Tod zeigt sich ihr die Jungfrau Maria aufs neue.

,,Was sagen die Ärzte? Ist es nicht dies, daß du sterben wirst? In Wahrheit, meine Tochter, sie denken nicht daran, was sterben heißt. Denn derjenige stirbt, der sich von Gott trennt, der sich in der Sünde verhärtet und nicht durch die Beichte die Unreinheit der Sünde ausspeit. Tot ist derjenige, der nicht an Gott glaubt und seinen Schöpfer nicht liebt. Der aber lebt und stirbt nicht, der immer Gott fürchtet, sich durch regelmäßige Beichte von seinen Sünden reinigt und sich danach sehnt, heimzukommen zu Gott. Da es aber der Gott der Natur ist, der zu dir spricht, derjenige, der dein Leben auch gegen die Natur ordnet und aufrechterhält, so wisse, daß in den Heilmitteln weder Leben noch Rettung zu finden ist. So hast du es auch nicht nötig, dich auf Heilmittel zu verlassen, denn ein kurzer Zeitraum benötigt wenig Nahrung'' (Extrav. 68).

Am folgenden Tage offenbarte sich ihr Jesus vor dem Altar, der in ihrem Zimmer stand. Er sah sie mit mildem Gesicht an und sagte: ,,Ich habe es mit dir so gemacht, wie der Bräutigam es zu tun pflegt, der sich vor seiner Braut verbirgt, um desto heißer von ihr ersehnt zu werden. Deshalb besuchte ich dich nicht mit meiner Erquickung in dieser Zeit, denn es ist die Zeit deiner Prüfung gewesen. Jetzt aber, wo du geprüft bist, magst du hervortreten und dich bereiten, denn jetzt ist die Stunde da, wo das, was ich dir versprochen habe, in Erfüllung geht: vor meinem Altar sollst du nämlich als Nonne gekleidet und geweiht werden. Hinfort sollst du nicht nur als meine Braut gerechnet werden, sondern auch als Nonne und Mutter in Vadstena. Du mußt aber wissen, daß du deinen Leib hier in Rom hinlegen sollst, bis er zu dem Ort kommt, der ihm bereitet ist, denn es gefällt mir, dich von Mühen zu verschonen und deinen Willen für die vollbrachte Tat zu rechnen.''

Und gegen Rom hingewandt, sagte er gleichsam anklagend: ,,O, mein Rom, der Papst verachtet dich und hört nicht auf meine Worte, sondern nimmt das Zweifelhafte anstelle des Sicheren. Er soll nicht mehr mein Sprachrohr hören dürfen, denn er rechnet die Zeit meiner Barmherzigkeit nach seinem Belieben.''

Dann sagte er zur Braut: „Zu dem Prior sollst du aber sagen, daß er diese Worte aller meiner Offenbarungen den Brüdern und meinem Bischof übergibt. Ich werde ihm die Glut meines Geistes geben, und meine Gnade wird ihn erfüllen. Und du sollst wissen, daß, wenn es mir gefällt, die Menschen kommen werden, die mit Lust und Freude die Worte der himmlischen Offenbarungen, die ich dir bis heute mitgeteilt habe, aufnehmen werden, und dann wird all das, was dir gesagt worden ist, in Erfüllung gehen. Und, obwohl meine Gnade vielen um ihrer Undankbarkeit willen versagt wurde, werden an ihrer Stelle andere kommen, die meine Gnade empfangen.

Als letzte aller Offenbarungen, die dir mitgeteilt wurden, soll die gemeinsame und allgemeine Offenbarung, die ich dir in Neapel gab, gesetzt werden, denn mein Gericht wird über alle Völker in Erfüllung gehen, die nicht demütig zu mir umkehren, wie es dir gezeigt wurde."

Dann fügte der Herr hinzu: „Früh am fünften Tage von heute an, nachdem du das Sakrament empfangen hast, sollst du alle Personen deiner Umgebung, die ich dir namentlich genannt habe, zusammenrufen und ihnen sagen, was sie tun sollen. Und dann sollst du unter ihren Worten und in ihren Armen zu deinem Kloster kommen, das heißt: zu meiner Freude, und dein Leib soll in Vadstena gebettet werden."

„Am fünften Tag danach zeigte sich Christus im Morgengrauen wieder und tröstete sie. Nachdem die Messe gelesen war und sie das Sakrament in größter Andacht und Ehrfurcht empfangen hatte, gab sie ihren Geist in den Armen der genannten Personen auf" (VII, 31).

Katarina erzählt, daß ihre Mutter mit den Worten des Erlösers am Kreuz auf ihren Lippen starb: „Herr, in Deine Hände befehle ich meinen Geist." Das geschah am Morgen des 23. Juli 1373.

Nachwort

Dieses Buch verdankt seine Entstehung dem Wunsch von Mutter M. Hilaria, Generaläbtissin des neuen Zweiges vom Orden des Allerheiligsten Erlösers, der seinen Hauptsitz im Birgitta-Haus an der Piazza Farnese in Rom hat. Die Biographie ist wie ein Perlenband und als eine Blütenlese aus Birgittas eigenen Texten gestaltet. Diese Texte sind es, in denen wir Birgitta als eine religiöse Persönlichkeit kennenlernen, die zu unserer Zeit spricht, wie sie zu der ihrigen gesprochen hat.

Schon im Jahrzehnt nach dem Tode Birgittas wurden ihre Offenbarungen in zahlreichen Abschriften verbreitet, wie sie von ihrem spanischen Beichtvater, Bischof Alfons, redigiert worden waren. Die erste gedruckte Auflage der Offenbarungen Birgittas erschien im Auftrag des Klosters Vadstena bei Bartholomeus Gothan 1492 in Lübeck. Man druckte den lateinischen Originaltext mit der Kapiteleinteilung, die schon aus dem 14. Jahrhundert stammte. Die Offenbarungen sind auf acht Bücher verteilt, und jede Offenbarung hat ihre eigene Kapitelüberschrift. Die bei Bartholomeus Gothan gedruckte Fassung sollte in den folgenden Jahrhunderten viele Nachfolger in den verschiedensten Ländern erhalten.

Im Kloster Vadstena wurde gegen Ende des 14. Jahrhunderts und während des 15. Jahrhunderts eine Übersetzung der Offenbarungen ins Altschwedische angefertigt, die für den eigenen Gebrauch des Klosters bestimmt war.

Die erste vollständige Ausgabe von Birgittas Offenbarungen in modernem Schwedisch ist bei Allhems Verlag in Malmö 1957–1959 in vier Bänden gedruckt; die Übersetzung ist von fil. lic. Tryggve Lundén nach dem Druck von Bartholomeus Gothan ausgeführt. Auf diese Übersetzung stützt sich die hier vorliegende Veröffentlichung. Da die angeführten Kapitelhinweise, die für alle bisherigen Veröffentlichungen des Liber Celestis geläufig sind, können sie zu jeder beliebigen Ausgabe hinführen, wenn der Leser die Offenbarungen in ihrer Gesamtheit zu lesen wünscht oder die Übersetzung der angeführten Abschnitte auf ihre Zuverlässigkeit hin prüfen will.

Eine textkritische Ausgabe von Birgittas Offenbarungen auf Latein wird zur Zeit von der Königlichen Akademie für Geschichte und Altertumswissenschaft in Stockholm herausgebracht; bisher ist aber nur ein kleiner Teil dieser zeitraubenden Arbeit zum Druck gelangt.

Mehrere Birgitta-Biographien sind schon vom 17. Jahrhundert an in verschiedenen Ländern veröffentlicht worden. Zu den in ihrer Zeit am meisten beachteten gehörte das Buch der Comtesse de Flavigny „Sainte Birgitte de Suède, Sa vie, ses révélations et son oeuvre" (3me éd. rev. et augm. 1910).

Die zweibändige Biographie des dänischen Schriftstellers Johannes Jörgensen „Den hellige Birgitta af Vadstena" (1941, 1943; schwedische Übersetzung 1942−44) ist trotz ihrer leicht romantisierten Form immer noch die unübertroffene volkstümliche Schilderung von Birgittas Leben. Jörgensen hat fleißig die vielen Zeugnisse genutzt, die im Kanonisationsprozeß kurz nach dem Tode Birgittas in Rom vorgebracht worden sind. Er hat pittoreske Einzelheiten aus ihrem Leben und vor allem viele Erzählungen von Wundern mit aufgenommen, teils von solchen, die Birgitta selbst zu ihren Lebzeiten vollbracht hat, teils von solchen, die sich kurz nach ihrem Tode ereignet haben. Die Akten des Kanonisationsprozesses liegen, mit einer Einleitung von Isak Collijn versehen, vor, und zwar unter dem Titel „Acta et processus canonizationis Sanctae Birgittae" Codex Holmiensis A 14 (1920).

Im Jubiläumsjahr 1973 gab Sven Stolpe eine zweibändige Biographie heraus: „Birgitta i Sverige" und „Birgitta in

Rom"; in dieser Biographie wird Birgitta in der sozialen und politischen Umwelt des 14. Jahrhunderts geschildert. Die finnische Historikerin Birgit Klockars hat, als Ergebnis einer intensiven Forschung, in einer Reihe von Arbeiten wichtige und teilweise neue Fakten aus Birgittas Leben und Umgebung vorgelegt: „Birgitta und die Bücher". Eine Untersuchung der Quellen der heiligen Birgitta (1966), „Birgitta und ihre Welt" (1971) und „Birgittas schwedische Welt" (1976). (Originaltitel: „Birgitta och böckerna". En undersökning av den heliga Birgittas källor" (1966), „Birgitta och hennes värld" (1971), „Birgittas svenska värld" (1976).)

Emilia Fogelklou hat in ihrer schon klassischen Biographie (1919, 1955, 1973) eine innerliche, stark persönliche und vielleicht etwas zeitgebundene Deutung Birgittas gebracht.

Im Zusammenhang mit einer Ausstellung im Staatlichen Historischen Museum zum Jubiläum 1973 wurde ein Buch über Birgittas Pilgerfahrt zum Heiligen Land herausgegeben (auch in englischer Übersetzung „St. Birgitta und The Holy Land"). Für diese Ausstellung entliehene, persönliche Erinnerungen an die heilige Birgitta wurden von A. Andersson und A. M. Franzén unter dem Titel „Birgittareliker" (1975) beschrieben. Die primären Birgitta-Reliquien waren schon früher zum Gegenstand wissenschaftlicher Bearbeitung gemacht worden, und zwar von A. Bygdén & N.-G. Gejvall & C. H. Hjortsjö „Les reliques de Sainte Birgitte de Suède (Lund 1954).

Andreas Lindblom, der die Erinnerungen an die heilige Birgitta und ihre Klostergründung in Vadstena unermüdlich gepflegt und erforscht hat, hat in mehreren Veröffentlichungen das reiche künstlerische Erbe, das mit Birgitta und ihrem Werk verbunden ist, behandelt. Zwei Arbeiten sind besonders auf Birgittas Person bezogen: „På Birgittas vägar" (1962, „Auf Birgittas Wegen"), die die Überführung der sterblichen Überreste Birgittas von Rom nach Vadstena im

Winter und Frühling 1373/74 schildert, und „Birgittas gyllene skrin" (1963, „Birgittas goldener Schrein"), die eine Untersuchung des ersten und nun wieder zu Ehren gebrachten Reliquienschreines darstellt, der die sterblichen Überreste der heiligen Birgitta in der Klosterkirche zu Vadstena enthält.